U0072624

預約一個亮麗的生命

蕭蕭◎主編

【三版序】

若不凝神專注，則生命將一無所有

◎蕭蕭

青少年的心，無邪；所以，笑，那麼狂野！

青少年的心，狂野；所以，笑，才會那麼無邪！

青少年的生命是可以任意揮灑的。

但是，看不見的時間卻也虎視眈眈，在我們的側

翼，在我們的正前方，在我們吃飯穿衣的時候，在我們懈志喪氣的時候，隨時撲攫我們。

十四歲一下子就過去了，十五歲一下子就過去了，即使是最新的一年，春天的和暖總也容易消逝，何況是一天裡的清晨。

三分鐘可以記住兩個英文單字，我們幾曾利用生命裡許許多多的三分鐘？

四個小時可以閱讀一本散文集，我們安排過這樣的密集閱讀嗎？

生命的長度，因為我們運動可以加長。何況生命的寬度，沒有任何先天的局限，我們又該如何拓展、拓寬，恢弘自己、亮麗自己？

最簡單的數字演算，1的十次方，依然是1，永遠是1。卻也是停滯、毫無長進的1。

如果加上0.1呢？

1.1的十次方，會是多少？拿起筆，算算看。實踐，立即行動，是生命恢弘的先決條件。

我算過，1.1的兩次方是1.21，三次方是1.331，四次方是1.4641，看見嗎？數字以驚人的力量在遞增中。

1.1的十次方，已經是2.5937424601這麼龐大而複雜的數字，是1的十次方的2.59倍了！

大家都以1的速度，無所變化在前進時，如果我們能每天增加0.1的努力，未來的展現無可限量。

如果懈志呢？即使只是懈志0.1，比同學少那麼一點，以0.9推進的十次方，竟然只剩下0.34867844！

應該十全十美的的東西，折損十分之一，我們已經惋惜不已，如此遞減下去，竟然只剩下三折的價值。生命，容許這樣七折八扣嗎？

你我的生命，容許如此七零八落嗎？

若不凝神專注，則生命將一無所有。能有這種決志的人，絕不容許自己跟一般人一樣，永遠以1的一次方、十次方前進，即使是文學的創作，永遠1×1×1×1×1，缺少高潮、沒有起伏、無法懸宕、不能轉折，終究不是好作品，更何況是多彩多姿的青春歲月。

請隨時凝神專注，增加那0.1，只是0.1，文學的皺摺、生命的彩度，就會有不同的折射光豔。

——二〇〇九年四月寫於明道大學

【編序】

照亮心靈

◎蕭蕭

未立志，先勵志。

立志，是方向的抉擇；勵志，則是智慧的操練。

勵志的意義，在今天多元化的社會裡，已經不只是教忠教孝而已，以教忠而言，我們不是在教孩子「立足台灣，胸懷大陸，放眼世界」嗎？那麼，忠於家國的意義應該不同於古代「家天下」的狹隘意識，

何況，交通與資訊的發達，地球仿若村莊，國際還如比鄰。再以教孝來說，二十四孝的故事如何能激發青少年的孝心？現代的新新人類自有一套思考模式，因此，在親人融洽相處的關係中，他們會摸索出因應之道，那樣的孝心孝行，當然不同於割股療親。

在這個變動不居的社會裡，我們跟父母兄弟相處的機會，反不如跟同學、朋友，甚至於陌生人來得多，來得長，甚至於跟異族、異邦人士來得頻繁。不同的語言、生活，不同的習慣、思考，我們如何跟他們融洽相處？看看台灣吧！五大族群共同在這裡營生，平埔族（消失中的族群、消失中的語言）、原住民十四族、客家人、河洛人，以及一九四九年以後來台的最新移民群，依然是不同的語言、相近的生活方式、時背時合的風俗習慣，四百年來，我們的先祖如何度過，未來，我們以及我們的下……一代又將如何相對待？

勵志的「志」，其實只是一個形聲字，「士」為聲符、「心」乃形符，「志」就是「心」，「心之所之」謂之「志」，心之所往就是「志」，心之所繫、心之所念，都是「志」的呈現，因此，對於「勵志」兩個字的意義，不妨這樣說：「照亮心靈」！我們隨時在尋找如何照亮心靈的方法，心靈一亮，彷彿靈光一閃，心靈長亮，彷彿智慧長生、長長、長明。

如何勵志？

問的也不過是：如何磨亮一顆心？

如何磨亮一顆心？

回答的也不過是：

一、時時勤拂拭，莫使惹塵埃。——發現真我。

二、本來無一物，何處惹塵埃。——發展真我。

或許唯有透過這樣的辯證，一面發現，一面發展，真我才會顯影。我的心是光明的，你的心是亮的，我們一起預約亮麗的生命。

我們相信，經由這樣的勵志，這樣努力照亮心靈，不論跟誰，我們都可以和諧相款待，在台灣，我們相信。

青少年的心，無邪，所以，笑，那麼狂野！

青少年的心，狂野，所以，笑，才會那麼無邪！

目錄

阿寶與老七

◎雷驤

在我面前不安坐著的，是一張童稚的臉和過重的身體。實際細看，這童顏已經老去，由頭額、眼尾生出些許細紋，雖然與一般稱之為風霜的，有著些許不同。原來那童稚的印象，來自五官分配的緣故，他的鼻、嘴皆都密集在小小一個區域，其餘地方則空白荒蕪一片。描寫這樣一張比例曲扭的臉，幾使我無從措手。炭筆的形跡，彷彿脫軌作出誇大無稽的圖形，不得不一再抹去重來。

院童阿寶坐在餐廳的長條凳上，先是叫我「阿兄」，後來感覺不對——專注的端視他，還會有別人嗎？終於阿寶稱我「阿爸」，並親暱的將眼眉擠作一線，屢屢向我嬌笑。

「不要亂來，是叔叔。」從廚下走過來替我解圍的歐巴桑導正他說：「是叔叔啦。」

無論中外，蒙古症者的外形皆都與阿寶相似。大約細眼平鼻的特徵，使人聯想起蒙古族。現在，我因為描繪不順利，焦慮的注視，也反映在阿寶身上。他忽然抬起一隻腳，大剌剌的用手抓扒足桌部分。「要畫這些孩子嗎？是的，他們的確很可愛，可是也許會圍上來奪去你的筆，撕破你的紙呢。」院長提醒我。

我於是選擇這餐廳的一角描畫了。院內的秩序並不容易維持，除了內向安靜的智障者之外，大多的院童為腦部的異常放電所苦，怒吼著，或者毫不顧忌的重擊自己的身體，痛苦萬狀的遊蕩院所各處。設若天氣晴和，庭園中就有不少人留連不去。我常時行徑此地，看到攀附鐵門的院童，巴巴的向外面世界探望。之中有一個總是仰面長嘯；間壁的另一個，則掩面涕泣。我忽然閃過的感覺，彷彿他們因目睹這世界的慘象，作出寓言式的反應，好教人們懺改呢。此外還有一個，不分晝夜的傾倒垃圾，推著一架獨輪車從院裡走出，跨過馬路，到前方二十公尺的垃圾收集場。為此他驕傲的擁有一副鐵門的鑰匙，時或為了擔當任務，而突破禁錮之苦悶。

「像我，實際並沒有什麼麻煩。」當他憂懼的一張臉，頃間從餐廳的門框邊忽隱忽現的時候，廚娘向我解釋道：「聽說是某地方有錢人家的孩子，因為家裡好面子的關係，把他遠遠的送來了。不過總還時常來探望。」這時，那孩子的臉倏忽一閃，立即好像聽出我們正談論著他，於是從此消逝了。那張仍保有某種稚氣，但實際已經三十歲的臉。

「唉，一個不錯的孩子，如果不是同這些孩子們混雜一起的話……。」

廚娘放下與我的搭訕，走回廚房去翻炒灶上沸騰著的大鍋菜，這頭，悻悻的落入沉思的阿寶，忽而又向我展開笑顏，發出模糊含混的聲音，但是我知道，那是疊聲的「阿爸」。

不久，我尾隨阿寶的引領，進入門口懸掛「工藝教室」的房間。約莫有二十五個男女，圍坐拼成一長條的桌前，上面攤開各種彩色的塑膠的工業零組件，把它們正確的拼接起來，即所謂的工藝課。霧靄般的晨光彌蓋住他們，靜靜的，一種接近幸福的感覺，同時也包圍著這群不幸的人。許久，我才辨識出這一圈人之中，原有院裡的教師大約五人，間雜在院童裡面。由於在這些官能曲扭、表情殊異的人群中間，教師們正常的容顏，遂顯現特別的清明和漂亮的緣故。他們也默默的參與這樣機械的勞動，為了給予院童們一個安靜的示範。對於貼身坐著的院童的困難——為了把一隻接好的塑膠品放進袋子裡，用盡全身的力氣，肢體和各部的器官都吃力的配合著，但實際外顯的動作，我們只看到一陣陣的痙攣而已。（我幾幾乎不忍再旁觀下去。）教師們並不著急，只小聲的溫言勉勵。或者，被收音機裡的歌聲引動，忽然大聲哦唱起來的一個人，也都只略微抬頭看看他而已。教師們的形狀，幾近那些因為智力的愚騃，而內向靜默的孩子們一樣，是以，我原先難以辨認他們。

這時候，外面走道上傳來劈哩啪啦的嘈聲和尖叫。一個女老師輕聲說：「老七，去看看。」這時，一個中年人立時虎虎的走出去。一刻後，外面的一切復歸寂然，那個中年男子彷如一忠誠的士官長，不發一語的復回他的座位，依舊勤勉的拼裝著面前的那些看來有點可笑的塑膠零件。

間歇的時候，幾個教師靠近來，索看我適才的描畫，之中一個對我說：「啊！是怎麼才能畫出自己的感覺呢？我自己是偏愛那種超現實主義的……。」

我看著她清麗認真的臉，被四周歪曲變形的肉體所襯托，自然的聯想到她所提及的「超現實」。

上午將盡的時候，我告別了他們並允諾再去看他們。

老七那個刻守紀律的孩子，於是代表眾人送我離開。——他也擁有一副大鐵門鑰匙。老七神態肅穆的急步走過溼濡的庭園。

「嗨！老七，為什麼叫你老七呢？」我高聲問。

「我們家有十兄弟，我第七個呢。他們全在美國，我在這裡住了十七、八年了。」好像變了一個人似的和悅，老七說：「你圖畫得真好，我都不會，嘻嘻……。」

這時候，他用重匙啟開了鐵門，向我凝注半響，忽然嚴肅的說：

「先生，你為什麼不把鬍子刮乾淨？」

原載82・4・30《中國時報》

編者注

什麼叫作「健康」？什麼叫作「美」？讀了雷驤先生這篇文章，我們才驚覺到：四肢健全，五官俱備的我們，其實就是健康的人，幸福的人，我們還要抱怨什麼？看看雷驤筆下的院童常常會為腦部的異常放電所苦而怒吼，有時毫不顧忌地重擊自己的身體，痛苦萬狀的遊蕩各處，我們能不珍惜自己的有用之身嗎？對我們來說，把塑膠品放到袋子裡，是多麼輕而易舉的事，但他們卻必須用盡全身力氣，肢體和各部器官都吃力配合著，結果還只是一陣陣的痙攣而已，我們能不愛惜自己的生命嗎？

這些智障或蒙古症的人，是無辜的，也是善良的，他們在言語、行動、思考上有障礙，但他們的心仍是仁厚的，需要我們以更仁厚、更慈和的心去關懷他們、照顧他們，讓他們人生旅途上許多的不便，感受到肢體、官能雖有殘缺，人性的溫馨卻是圓滿而無憾。

雷驤

一九三九年出生於上海。台北師範學校藝術科畢業，現專事寫作、繪畫及影片創作。作品曾獲《中國時報》小說推薦獎、金鼎獎、金鐘獎。著有《愛染五葉》、《逆旅印象》、《流動的盛宴》、《斷想記》、《文學漂鳥：雷驤的日本追蹤》等二十餘種；影集《映象之旅》、《歲月中國》、《作家身影》等。

可惜只有兩個

◎喻麗清

在美國，一年當中，據說電話線路最忙的日子就是母親節這一天，總是想念母親的居多吧，我自母親去世後，想念她的日子漸漸減少，想女兒的日子卻在逐年增加之中。

今年母親節，大女兒將在猶他州作野地標本採集的工作，回不來，小女兒在洛杉磯剛找到一個工作，自顧不暇，想她也是不會回家來了。

人家說：「早婚好，孩子都大得可以自立的時候，自己卻還沒有老。」可是，天知道，若是人沒老，心卻已老，還不是一樣的不好？如今，我每天晚飯後，在電視機前一坐，身邊那一位要不了多少時間就開始打瞌睡了，我心中有時一陣淒涼——怎麼就這麼早已退休二老的模樣了呢？少了孩子，人生變得這般冷清，是我始料未及的。

難怪母親節打電話的人多，我自己就告訴孩子，什麼禮物都不必了，打個電話回來聽到你嘻嘻哈哈的聲音夠我放心的就得了。

大女兒打電話來，總是高高興興的，一會兒當選「最佳助教」，一會兒給人寫了篇書評登在科學雜誌上，使我們心中頗感安慰，我總是掛電話前要提醒她一句：「要善待你的丈夫。」惹得她不好意思的笑起來，她為了她的博士研究，時常跑野外，收集化石。每回回來，我打電話去，那一頭接電話的是女婿，不是她，我就知道她又病倒了。日曬雨淋的，還給蚊子小蟲咬得亂七八糟，她常常都輕描淡寫怕我們擔心。有一次，她爸爸有一只眼睛白內障開刀，我想是小手術嘛，事先就沒告訴她，等事後跟她說時，她在電話裡哭起來，說：「以後不可以這樣，不可以這樣，我們要知道你們的一切啊。」我聽了，眼淚流下來，這孩子心腸長得真跟我的一模一樣。

小女兒心裡，好像第一是朋友，第二還是朋友，搬起家來，狐群狗黨幫忙者眾，所以大學三年搬家四次，沒有一次要我們插手的，我們也真是插手不得，因為她老是「先斬後奏」，全是事後「通知」，從不報備在先的。這一點，我不敢埋怨，因為她的爸爸宣稱他是絕不會做出這等「不負責任」之事來的，那當然就是我的遺傳了。我最傷心的一次，是她出車站的那一天，警察打來的電話，只聽見外子說道：「……沒有受傷，那就好……同學會來接她回學校去？那就好，好的，好的……。」吧嗒一下，他就把電話掛了，等我驚魂一定，就往外衝，外子說：「你到那兒去？」我說：「要是她斷手斷腳的，也不會告訴我們的，你看她先打電話找同學接，也不敢打電話給我們，都是你平日太凶，害她出了事都不敢說……。」我一邊遷怒，一邊哭，等我們趕去拖車場，看她真的沒什麼大傷，只幾處淤血而已，而車子毀壞的使我除了感謝聖母的保佑沒有其他的話可說，我們母女相擁而泣，外子說：「以後有事還是先打電話給我們吧。」她擦擦眼淚，望一眼耐心等在一旁的同學說：「怕你們生氣嘛，而且這裡回學校比回家裡近。」

愛就是牽腸掛肚，「還好女兒只有兩個。」是外子的口頭語，可是我卻覺得——

可惜只有兩個——割心割肝的，我也捨不得沒有她們啊。如今，只好等我的外孫們來牽我的肝腸了，有什麼法子？我心中的愛，還沒有用完嘛。

原載82．5．17《台灣新生報》

編者注

牽腸掛肚，就這句成語，已足夠代表父母對子女的那份永恆的愛。

喻麗清說「可惜只有兩個」，兩個女兒還不夠嗎？她還有更多的愛、更多的精力，去照顧外孫。理論上，愛是用不完的，愈愛愈湧生出來，父母對子女的愛就是這樣，從懷孕開始，一直到孩子長大了、成人了、結婚了，在父母眼中，孩子永遠是孩子，永遠需要父母的愛。而且，不管孩子是什麼樣的個性、什麼樣的長相、有沒有成就，父母自始至終，不變其愛，沒有任何附加條件。

對於父母，我們也應該有這一份「牽腸掛肚」的愛。回想一下，我們如何長大的，就可以知道，我們該如何減輕父母的負擔，甚至於，在未來的時日，如何幫助父母度過他們的晚年。

父母，只有兩個啊！

作者簡介

喻麗清

一九四五年生，浙江杭州人，台灣長大，現居美國加州。台北醫學院畢業，曾任職耕莘文教院，水牛城紐約州立大學及柏克萊加州大學脊椎動物學博物館。著有詩集《未來的花園》；小說《愛情的花樣》；散文集《無情不似多情苦》、《依然茉莉香》、《帶隻杯子出門》、《蝴蝶樹》獲優良著作金鼎獎。收藏盒子、面具、雞造形藝品，從前喜歡荷花，現在愛鳶尾；著迷藝術與考古，酗咖啡及寫作。二〇〇五本命年有兩件喜事：添了第二個小外孫女兒，還有「終於戒了寫作的癮」。

現代學生夢

◎吳英聲

是人就會有夢，也會做夢。只是有的夢很甜，有的夢很美，也有的夢很苦，有的夢很可怕。除此以外，有的夢很長，也有的夢很短暫，更有的夢很容易醒。

今天，我想和大家談談的，不是睡眠以後潛意識的現象或夢的解析，也不想和大家一同探索奇妙的生命在宇宙裡扮演的悲喜劇情，而是希望和大家就現代學生對生活的安排、生命的追尋，也可以說是一般人認為應該是學生的理想、志向，抑或叫作抱負的「現代學生夢」！希望在大家涉世未深，仍然豪情萬丈、純潔可愛的國中、高中學生生涯的階段，在面對長遠前途的未來，和正要全力奮鬥、開創有限人生的現在，思索我們為人師長的，要如何協助大家、指導大家完成和實現「美夢成真」的方法，和大家一同好好規畫，一同努力，避免歲月蹉跎，無法圓夢而空留遺憾！

常見有些同學，滿懷熾熱和狂傲的夢想，卻因為不肯了解自己的能力，又缺乏持久努力的毅力，最可惜的是不願接受別人的指導和協助，遇到挫折、嘗到失敗、受到打擊以後，往往就灰心喪志、頹廢閒散，坐令青春的生命輕擲、天賦的才能浪費。隨著年歲的增長、社會冷酷的打擊，一切一切都像在置身在一個四面都是鏡子的密室，前後左右都是自己失敗頹喪和痛苦的身影，掙不開也走不出一片青天來。

還有些同學，一開始就沒有踏實、正確的規畫，又沒有努力向學、儲存足夠的學識、能力，無法接受現實嚴厲的試煉，一頭闖入死巷，千辛萬苦卻徒然空夢一場。睜眼時，只見四周黑暗籠罩，光明好遠；更不知道自己的希望又在哪裡，那時，再多的悔恨，再多的自責，又有什麼用呢？

最不該的，是有一些同學，空有比一般人好的天分，環境也不比別人差，卻不肯好好規畫未來自己應該努力的方向，不肯積極為自己的理想奮鬥，抱著成功會從天上掉下來，幸運一定永遠跟著幸運的人，抱著「得之我幸，不得我命」的想法，大作白日夢，絕對不會去計畫一個為國家、為民族、為人類的幸福奮鬥的理想，不會去做一個至情至愛偉大的美夢，那是多麼可惜啊！

和這同時，最教人痛心的就是一些意志薄弱或性情偏執的同學，他們不是沒有夢，也不是不希望有一個和別人一樣的美夢，只是在社會文明高度發展、競爭衝突接踵而來的現代，夢，太容易破碎了，太容易失落了，太容易變質了。而夢一旦失落、破滅，意志薄弱的只知道說：「是的，但是……」，性情偏執的總是說：「我偏不……」，這樣的情景不停在校園裡演出，也在家庭之間上演；師生變成敵對、親子變得疏離，社會變成了戰場。做美夢的能力永遠喚不回來，叛逆的情緒、不滿的怨懟、苦海的嫉妒、自欺欺人、紛爭擾亂、痛苦不安不斷湧現，對生命的期望、熱愛卻完全冷卻下來，現代學生的夢變得悲慘、醜陋，教人不能不痛在心裡。

各位親愛的同學！為什麼不讓你們都有一個令人稱羨的美夢呢？為什麼不讓你們每一個人的夢都有豐富的內涵，有可以實現的快樂，有能展現自己興趣的滿足，有能感動每個人的成功和造福國家、社會的理想呢？

一個人藉著自己所夢想的藍圖，來建造自己的未來，必須持著虛懷若谷的態度，接受師長朋友的指引，必須分析自己的潛能，衡量自己的優點與弱點，更必須觀察自己與宇宙的關係，把你的「小我」挪開，以便你的「大我」能夠邁進。

一個人更要把夢想視為一所工廠，努力去蒐集各種適合這工廠生產的資訊，也要有恆心毅力地採購各種生產的原料，這樣才能有優良的產品出廠。

一個人還要把夢想的兌現時間，就訂在今天，就訂在現在行動。開始實現你最美的夢想生活，不把時間浪費在夢想的編織，推託到明年或十年之後。

一個人還要緊攀夢想，不許他的夢想死亡，要快樂地、積極地擁抱夢想，常存有信有望有愛的夢想。

一切事物莫不由一項夢想而起，夢想的創造力，是宇宙中最大的力量，我可以肯定地說：「大夢想可以導致大成就！」願你們美夢成真，跨出人生的淺灘，勇敢走向挑戰的未來深流。

原載82．5．20《北市青年》

「大夢想」可以導致「大成就」。

這是吳英聲校長所肯定的，也是我們大家所信服的。近年來，大家都在談「人生有夢，築夢踏實」，但是，終究沒有肯定的指標告訴我們人生應該如何追求夢的實現，虛幻的夢與踏實的理想究竟有著什麼樣的距離？你也說「人生有夢」，我也說「築夢踏實」，結果，這八個字反而成為一種新的口號了！

因此，吳校長一開始就提出四個空有夢想而不能實踐的現象，作為警惕：一是不了解自己的能力，缺乏毅力，容易喪志。二是沒有正確的規畫，無法接受試煉。三是根本缺少規畫，不肯為理想奮鬥。四是意志薄弱，性情偏執，容易造成師生關係緊張、親子疏離。

積極的條件也有四個：一是謙虛的態度，二是視夢想為工廠，廣蒐資訊與原料，三是立即行動，四是緊攀夢想，常存信望愛。

〈現代學生夢〉，指示學生一條真正可以採行的路。

作者簡介

吳英聲

一九三二年生於新竹寶山水庫竹林山城。從事教育工作直到一九九七年屆齡退休。推展美術教育不遺餘力外，並多次參加繪畫聯展及參與國際美術活動。著有《少年故事一百篇》二冊、《幾種新作文教學法》、《美勞科教學法》、《美勞課程與教材》、《中華民俗體育》等。

金字塔三帖

◎謝富名

1

我望向金字塔的入口，提起一步步陷進黃沙的雙腳緩緩向前，眾人下了駱駝後的喧擾霸道直叩我的耳膜：「說好小費是包括在十塊費用裡的，怎麼還一直要？」「我那個馬夫搶了我的相機替我拍照，照完了再不給他五塊錢不肯還我。」「我們才糟呢！那個小孩要我給他二十塊，不然不把我女兒從駱駝上放下來……。」

曾經，壯麗的尼羅河孕育了她的遠古文明，無數的船伕、奴隸和工匠，成就了與豔陽黃沙相映生輝的金字塔和精緻的金器飾物；建築師與天文學家的智慧和精密計算，使金字塔不但是人類建築史上的瑰寶，更是認識星相的起源……，埃及，一個祖上幻化歷史舞台、赫赫有名的國度，是怎麼走在二十世紀的？

那個滿是五、六歲童工的地毯工廠，那個把我拉了過去教我如何打結的可愛小女孩，當她朝著我「MONI、MONI」的要起錢時，我直覺的還以為是工作中的歌謠……。

那些在藝品街頭徘徊的孩子，不斷的繞在我們身旁要錢，在逛市場的時候，弟弟的電子表差點被強行拔走，觀光區內沿路一直貼著遊客的小販，骨碌碌的眼神盯得我們渾身不自在……。

「靠祖先遺產賺錢」似乎是烙上埃及的標記，足以讓其他地小土瘠觀光事業又不發達的非洲國家既羨又妒，但，他們會不會是包著糖衣的毒藥呢？

金字塔旁是我牽駱駝的青年只有十五歲，是什麼，讓他已有二十多歲的風霜，是家計的負擔、看多了的視野，還是那個我們戴帽撐傘卻還給曬得頭痛的烈日？又是什麼，把一個生在已開始國家應是天真無邪的小女孩，變成可能世故得我們都難以相信？在美國，十五歲的打工少年普遍可見，但有多少人會以極謙卑的態度向你要小費。甚至在你不願給或給少了的情況下馬上變臉或開罵？

那整個社會的收支平衡呢？湧進的觀光客帶來大筆收入，但人心的善良和腳踏實地的美德是不是給透支掉了？

可不可以把責任推給提倡休閒旅遊的濫觴——已開發國家呢？如果一個好心的西方老太太給了地毯廠童工一點她說是「給小孩買糖吃嘛！」小錢，或是觀光客被煩纏不過買了「一看就知道是騙人的」石刻，到底是薄施己力的給了同情，還是助長了貪逸取巧之風呢？

而那些較為基層貧窮的埃及人，尤其是小孩，真的知道觀光客是為何而來的嗎？他們知道觀光客瞻仰、珍歎、唏噓的文物的價值不只是他們搖搖掉錢的小樹？他們可曾想起遠古世代的光榮，串聯起那份榮耀與責任的傳承？

夜遊尼羅河，遊艇上的笙歌曼舞、美酒佳肴，與岸旁燈火煇煌的麗晶、喜來登酒店，渲染了一夜的豪華浪漫，觀光客在享受了聲色之娛後滿足的沉沉睡去，誰又知道今夕是何夕？但是，當那輪盡職的火紅再由尼羅河畔升起，燥熱紛亂和乞討的小孩還是存在！是的，旅客可以做到視而不見，旅館的大門可以關上，國界和距離的阻隔也可暫時免去良心的不安，但是，全球南北對抗的問題是可以關起門來，視而不見的嗎？

埃及，是非洲的大國了，是世界第三大糧食進口國，而「非洲之角」的三個國家，占了去年全球挨餓人口的一半——一千五百萬人。在每年五千一百萬的死亡人數中，超過三分之一是因為缺乏醫藥而死於可預防的疾病。

今年四月的地球高峰會議在喧擾下閉幕，在已開發國家的自私心態下，我們不能怪每年為了增加收入，而在開發中國家消失的一千七百萬頃熱帶雨林，換個角度說，我們是不是也不能怪埃及、大陸甚至其他文明古國的導遊，在重金利誘下，當起民族的罪人？

根據統計，世界上百分之十最富有的人口使用全球生產所得的百分之三十一，而百分之二十最貧窮的人口只使用百分之五，但是不管如何，在每分鐘有二十八名兒童死亡的情況下，我們不能再等待。

我的腳步已漸漸踱到了金字塔的塔底……。

2

金字塔的入口不在塔底，因此我們得順著塔身爬一段短短的路程，一顆心不由得狂跳起來：今天我五分鐘爬階就可進入的金字塔，不知花了千百年來的盜墓者多少心思，又不知花了建造者多少血汗？

利用尼羅河水運由上游運來的大石塊，以驚人的科學原理和精密的安排、十萬人力及二十年的時間，成就了架構完美、機關重重的世界七大奇景，而君主為了防止陵墓被盜，往往將奴隸弄啞或弄瞎，更不用說是設計者了！

如果，在他們被賜死之前，給他們一個說話的機會，他們是很甘心樂意的為象徵神權的君主服役、赴死，還是在不接受徵召必死的無奈下奉獻一生？而對那些奴隸而言嗎？他們對奉獻大半生粗重工作的金字塔是怨是恨、是光榮是無奈？

那麼，又是誰無畏墓前封條咒墨的詛咒，無畏奧塞利斯（陰間之神）的眼睛？是受誘於金銀財寶的盜賊，與人打賭的血性少年，是劫財濟貧的英雄，還是在不得溫飽、求生無門的情況下拚死一搏？

他們又如何走過層層陷阱，如何識破障眼的迷宮？在搜尋的過程中有多少人犧牲了？在作垂死掙扎的時候，他們恐恨自己受誘於金字塔而死於非命，還是為了可死於這個千古奇觀而欣慰？當他們找到了法王的石棺，是憂、是喜、是怕？有沒有人先為擅闖陰宅而賠禮？在看到設計完美、匠工精緻的殉葬品時，他們先被那份懾人的美震住，還是想如何脫手、如何享受的打算褻瀆了那份永恆？在尋寶的過程中，有沒有協力同心的奮鬥故事，還是上演著各懷鬼胎的黑吃黑？

那麼後來呢？「成功」了盜墓者，輾轉購得寶物的人，他們洋洋得意，他們良心不安？他們就此滿足，他們胃口加大？終其一生，他們如何看待自己與金字塔的這段牽連，在他們闔眼的那一剎那，金字塔占了他們心裡多大分量？那麼幾十年來，所有到過金字塔的考古學家和觀光客呢？我真的好想知道，他們想些什麼？

我問自己：「那你想些什麼？」

我只能說：「它成就了我這個摸過五千年的石，踏過五千年的沙的身軀。」金字塔，以它五千年的存在給了無數活不過百的個體，種種的、層次不同的意義和感動，但這些感動與意義與金字塔的五千年比起來多麼渺小啊！但是五千年又有多長呢？如果與宇宙的時間相比的話。

「人生，是兩個永遠中的一剎那。」

一場相知、一段恩情，一個好山好水的美景、一句簡短的話語，甚至就是那麼一個驚鴻一瞥、那麼一個特別的場景，都可能是古往今來每個個體一生中最刻骨銘心的記憶，石器使用、農業發明、工業革命、世界大戰等，也是人類歷史的重要轉捩點，但是，當我們把這些放進永恆，「就像針尖上一滴水滴進大海裡」，誰又能確切肯定它們曾有的發生呢？

金字塔的入口已經出現在我面前了……。

3

我小心翼翼的低下身來，將頭悄悄探進塔內，昏黃的燈光點著狹窄不見底的走道——一條五千年前放進靈柩寶物和最後用來堵住洞口的大石頭的通道，它曾經通往全埃及的神祕和寶藏，如今，在盜墓、探險、考古的陸續活動中，它的盡頭只是一個開放觀光的空空石室。

如果，這些帝王死後有知，他們大概在默默拭淚——也許在波士頓博物館裡的軀體，也許在大都會博物館裡的石棺，也許在埃及和大英博物館中的模型穀倉、畜舍和船隻，也許成了某人傳家之寶的飾品，也許早在意外中遺失或被粗人發現為敝屣踩踏過的壁畫……。

如果，「精神和靈魂不死」的古埃及來世觀並不存在，那麼法老王們的處心積慮，除了向後人宣示了古埃及的物質文明，不就是剝削了民脂民膏的證明？

人，一直在以有窮追求無窮。

平凡如我們，都會期盼來世來滿足今生未得的憾恨或延續今生的喜樂，更不用說是坐擁財富權勢的帝王了！也就是因為這樣的企盼，才成就了宣示人類偉大的金字塔。

但是，就像希臘神話中的大力士，窮畢生精力對抗地心引力，要將巨石推上陡坡，這雖然也是追求無窮的表現，但在追求的過程中，他又得到了什麼？一如金字塔的建造，對於當世不但沒有什麼助益，還拉慢了古埃及商業和城市的發展速度。

如果，人能永生，這世界會變得更好嗎？相信還有生生世世的法老王，可曾確實的把握住現世？就是因為生命有限，我們才會去珍惜這電光火石的一切，激發出所有的潛力和瀝血嘔心的努力啊！

所以，為現世而活！為這個與我們分享生命的可愛世界而活？而不是為永恆、不是為不朽！

我跨出右腳，真的，要走進金字塔了……。

原載82．6．27《中央日報》

編者注

「就是因為生命有限，我們才會去珍惜這電光石火的一切，激發出所有的潛力和瀝血嘔心的努力啊！」

謝富名的〈金字塔三帖〉，是透過金字塔的不朽來思考不朽的真義到底是什麼？古典埃及文化輝煌，今日埃及人民困窮，朱門酒肉與路旁餓殍，都同時存在於金字塔的周遭，這就值得我們思考了。古埃及的法老王們認為「精神和靈魂不死」，搜刮民脂，剝削民膏，建造金字塔，以保護自己的身體、寶物、陵墓，而如今所要保護的身體、寶物、陵墓，卻分散在不同的博物館，暴露在人們好奇的眼光裡，他們的靈魂不朽了嗎？——真是值得我們思考啊！

這篇文章雖以「金字塔」為題，可是並不是為了報導金字塔的壯觀，文章三帖只是在表達他步步逼進金字塔時所做的人文思考，文章結束，作者還未踏入金字塔哩！

不過，我們都與作者一樣確信：「為現世而活！為這個與我們分享生命的可愛世界而活，而不是為永恆、不是為不朽！」

作者簡介

謝富名

女，一九七五年生，台灣省彰化市人。高二暑假與家人至埃及旅遊，不同於以往旅行歐美國家的經驗，對金字塔的神祕著迷，面對昔盛今衰的感慨和由木乃伊引發出對「永恆」的思考，而撰寫本文。〈金字塔三帖〉曾獲全國學生文學獎高中散文組首獎。

時間的殘雪

瘦谷

去年冬天的殘雪其實也是時間的殘雪。我們眼看著它們像一朵朵地上的雲團被時間風乾，被在溫度計中一天天向上爬行的季節吞歛，……雪融化的聲音從房簷口滴落下來，真的很像古老以水計時的鐘漏。每一下聲音都在提醒我們：覆水難收，時間一去不返；逝去的歲月留下的只是充滿想像、幻覺的記憶，而不能再現、重逢。所以錢鍾書先生說：「自傳不可信，相識回憶亦不可信……。」時間的殘雪把記憶的照片泡軟、泡黃，泡得影像模糊。我們說出的常常是我們的想像，也許是合情合理的，但肯定不是原來的事實——時間本身並不具有可回溯性。

關了一個冬天的窗戶已經打開，初春的陽光逕直射進屋來。我們看見石頭壁爐中的火苗正在熄滅，松香的氣味在陽光中像是陳舊的灰塵，在歸來的故人的眼中徐徐繚繞、升騰。這一切都予人時間停留的感覺——其實只有在現實中生活得情緒沮喪的人才有這種幻覺。除此之外還有多情善感的詩人、作家、藝術家，他們耽於幻想，熱愛童話的氣質使他們喜歡做夢。他們以他們的青春和生命做這種他們稱之為「藝術」和「創造」的賭注。他們與時間拔河，與時間作戰。看見壁爐中火苗最後的情景，我似乎看到了這種努力的結果。這些最頑強的火苗即使在生命瀕臨死亡的最後一刻，它們仍然伸直身體，做一個最後的騰跳。

這些最後的焰舌即使在陽光中也仍然可以把我們的眼睛照亮。當火焰熄滅，我們就感到我們所處的屋子、世界、時空突然一暗。但是即使是這種輝煌的結束，即使火焰完成了這最後的、感人的掙扎，時間仍然會毫不留跡地匆匆走過。我們可以暫時保留火焰後的灰燼，但卻無法保留火焰原本的音容和身體。

火焰後的灰燼其實就是時間的殘雪。這些美麗的，白色的翅膀安靜地垂落下來，然後消失……。

之後，就再也沒有人能描述火焰曾經的，真實的樣子了。

我從冬天末尾的黑屋子中走進春天最初的山崗。早晨燦爛的陽光中，滿山崗都是殘雪被陽光燒灼時發出的輕輕的、嗞嗞的聲音。殘雪捲著身體，在溼漉漉的山崗上三五成群地曬著太陽。遠處是高聳入雲的山峰，峰仞壁立，水晶一樣的冰峰在陽光中發出熠熠的寒光，藍色的雲絮從冰峰的頂端升起，像是一道道凝固的閃電把空氣中的水分子汽化。

如果閃電已經橫空出世，那麼雷聲是不是就要滾滾而來？地壤下冬眠的蟲子是不是就要甦醒？那個名叫「驚蟄」的調皮孩子是不是就要把地上的殘雪驚嚇得魂飛魄散，以至於連身體都會躲進時間深處？蟲子和殘雪在同一條路上相逢，匆匆忙忙的它們甚至來不及相互問一聲好，就錯身而過了。鬆軟、溼潤的土地中，麥苗舒展開了身肢，而草則笑嘻嘻地露出了星星點點細小的牙齒。

是誰在這山崗上放牧這嬌小的白羊？是誰在這山崗上放牧這時間的殘雪？

時間在達利的畫筆下可以折疊，而殘雪呢？柔軟的殘雪卻不能被一個真正的，關注時間的憂世傷生者保留那怕是一個短暫的季節。美麗的殘雪在我們的面前匆匆走過。啊！殘雪，你發出的足音是溪流、是瀑布、是東去的大江，還是枝頭音樂般閃爍異彩的晶露？

我坐山崗的石頭上，任由殘雪在我的心中徐徐地漫漶，感受殘雪熱烈的簇擁。一條小路曲曲彎彎，我留不住你們，就像我留不住我自己。你們也留不住我，那怕你們在這山徑兩旁伸出溫情真摰的手，想拉住我在風中飄拂的衣襟。我們都無法感動那放牧時間的老人，在時間老人的統領之中，我們甚至無法找到傳告我們聲音的信使，時間竟然強大專橫得不讓我們說出我們對於時間的感受。

除了山崗上停留著殘雪外，河流上也有殘雪，樹枝上也有殘雪，但鳥巢上沒有。黑黑的鳥巢像是冬天中落盡枯葉後的果子，碩大，飽經風霜。

殘雪不時從樹上啪嗒一聲落下來，落到地上和河中。這是春天來到時，注定要發生的事情。那些枝上的嫩芽齊心協力，「嗨」的一聲便把殘雪從自己的身上推了下來。

有薄冰嚓嚓破碎的聲音，這聲音和河上的殘雪一起順流而下。明亮的陽光從天而降，直達河上漂流浮升的碎冰。從碎冰上折射出來的光斑在我黑色的衣裳和樹下的陰影中閃閃爍爍。殘雪就在這些站著陽光的浮冰間安靜地穿行，而我卻看不見河邊牧鵝的少年。

是的，在這個季節，殘雪將從我們的眼跟前溜走，就像那些暗藏心機，調度的白鵝從牧鵝的少年的竹竿下溜走一樣。我們觸景生情地張開嘴巴，卻無法唱起往日的牧歌。時間已經使我們再也找不準那首老歌的調子。即使殘雪漫漶的水痕最終也乾枯消失得蹤跡全無。

原載82．7．5《中國時報》

編者注

「時間」是抽象的，我們看不見，聞不到、摸不著，但是，我們也可能確實感知她的存在。有人說時間像流水，一去不回頭；有人說時間像一把刀，會在人的臉上刻畫皺紋。你以為時間像什麼？

瘦谷說：「時間像殘雪」。

生長在亞熱帶的我們，不容易看到下雪、積雪、以至於殘雪的樣子，但我們可以想像雪融以後，山巔、樹梢、葉尖殘留的雪意，在淒冷之中彷彿有一種歲月不待的感覺。我們留不住殘雪，我們也留不住時間，其實我們也留不住自己。這樣看來，殘雪的譬喻，真是恰切無比啊！

瘦谷在這篇〈時間的殘雪〉文中，不僅描繪雪融的速度，也描寫了時間流逝的聲音：「雪融化的聲音從房簷口滴落下來，真的很像古老的以水計時的鐘漏。每一下聲音都在提醒我們：覆水難收，時間一去不返。」

感知歲月流逝之快，感知流逝的歲月不可能再見，不可能重逢，讀〈時間的殘雪〉，我怎能不時時惕勵自己！

作者簡介

瘦谷

本名賴大安，一九六三年生於四川省新都縣鄉下。二〇〇八年二月因胃癌病逝於北京。一九八五年開始發表文學作品，一九九八年加入中國作家協會。著有詩集《永恆的家園》，出版散文集《閃電中的鳥》、《像流水一樣回望》；長篇小說《沉溺》、《以夢為馬》、《愛情飛了》等。有作品百餘萬字在海內外發表，曾獲台灣第四屆梁實秋文學獎，首屆河南省文學獎，首屆網路原創文學獎等獎項。

我的兩個賣魚朋友

◎粟耘

我有兩個朋友，他們都曾經在菜市場賣過魚。

一位若喻為藝術家，那麼，另一位則名為紳士而無愧。

藝術家不但有一手很好的木雕技術，室內設計也是沒話說的，平日裡逍遙自得，與世無爭，紳士也是性情恬淡的人，當生意不好的時候，別人唉聲嘆氣，焦慮不安，或是聚首聊天，排遣無聊，他卻可以在那雜沓紊亂的環境中，靜靜的、悠悠然的欣賞過往人群喜憂悲欣的眾生相，所以被同行冠上「賣魚紳士」的雅號。

首先認識的是藝術家。藝術家的哥哥是位知名的木雕家，在海邊有個很大的雕刻室，我們每次去造訪的時候，藝術家必放下手邊的生意，前來相聚，看他一副無所事事、歡歡喜喜的樣子，誰會想到他是一個賣魚的小販？相談多了，發現他有一個清明而細密的腦子，個性和木雕家哥哥有很大的不同，哥哥有魄力，勇猛精進，很像一員叱吒風雲的將帥，他則頗有運籌帷幄的軍師之風，他們兄弟感情極好，當然，也有意見不同的時候，弟弟敢直言，哥哥雖當時不能接受，但能隱忍、沉澱，事後，也許會加以接納運用。很少看到都已建立家業、兒女成群的兩兄弟，能這麼相體相知的，我們既喜愛哥哥的憨樸剛健，亦為弟弟的殷實、穩斂所吸引。

不幸的，兩年前，哥哥因肺癌謝世，當我們得知消息，趕去悼祭時，弟弟看我們來到，從屋內便步伐踉蹌、痛哭失聲的奔迎出來。那樣的至情至性，令我迄今猶無法忘懷。

弟弟本和哥哥學過一段時間的木雕，由於怕兄弟同作一項工作，生活有所顧慮，便毅然辭出，寧願在菜市場當一名賣魚小販，有空的時候，常到哥哥的工作室轉轉，有精神的時候，自己也雕刻些東西；由於用心不輟，用力不斷，所以，做了許多年的小生意，技藝仍在，當我們第一次看到他自己的作品時，著實驚嘆著，構思上雖不失其兄的影響，但是造型之精簡、刀法之俐落，絕不止是業餘者的層次。有一次，去拜訪他，發現他自己設計、重新裝潢後的客廳，更訝異於他在這方面的才分。

室內設計最怕鑿痕太深，設計味太重，家家如一，沒有個人的氣息，藝術家設計的客廳，可是溶進了他的思想、性情的品味。簡潔的木雕護欄，是他自己雕的，屋頂的橫梁最礙觀瞻，他卻巧妙的用兩片大斜板掩飾，好像屋子本來就是那樣蓋的。壁紙他換了好幾次，最後用蔴袋布才滿意，一屋子全是自然產物的土黃與褐色，諧調而古樸；是客廳，也可為書房，由於雕刻品不少，何嘗不也是一間小小的展覽室？若面積再大些，則是名副其實的美術館了！

書報雜誌上，看過不少名家設計的裝潢擺設，精緻者有之，氣派者有之，但是能將精緻與氣派斂之於無形，不為時尚所驅，以一種原樸之真展現如這位朋友之客廳者，實不多見。

前兩年，他不賣魚了，改經營酒席食品的供應，由於信用可靠，不久，竟包攬了他所居鎮落的大半業務。生活舒適些了，但他平常裡還是短褲涼鞋的打扮，就外觀看來，仍舊不改賣魚郎的風味，只是，有更多的能力購置木料，去年造訪他的時候，他興匆匆的帶我去看新作，是一件六尺見方的屏風，由整塊原木刻成的，底層刻一些混亂的圖像，上方則刻有尖頂象徵高山，一個沒頭的軀體吃力的往上爬著，另一個像羅丹的沉思者般，用手支頷的苦思著。他說，那些混亂的圖形即是打打鬧鬧的立法院，老百姓苦啊！雖想努力走向山頂，但已失了自我主宰的力量，只能坐在半途憂煩，一籌莫展！

雖然，我不很記得圖樣的原貌，對於他的解說，也不能傳敘得十分貼切；但是，他那對於大環境的敏銳觀察，著實是深深激盪我的，市井之中，豈盡小人哉？年少時讀過一篇文章，形容蘇格拉底就是一個在斷垣旁囉哩囉唆的老人啊！時人不察豈識隱潛於市井中的大哲苦心呢？

每隔一段時間，這位藝術家朋友即會遠來造訪，每次來，便會帶來許多我不曾見過的，或從來不曾想過會去買的珍貴魚類。他並且處理完畢，分一小袋一小袋的裝起來，讓我們方便食用。那麼好的魚，對我們食不知精的人，是不必要的，對他，卻要減了好多收入，再三囑咐他下不為例，結果總是勸阻無效。自從他改做酒席的食品業務後，更會帶來其他肉類，使我們在每次他來造訪之後，都會當了好一段時日的老饕。

最教人歡喜的，是他求知欲的濃厚，每次來，他都會和一位承其哥哥衣鉢的學生同行，一談開來，我便得忙著搬出許多繪畫和雕刻方面的書籍相互討論，使我回味到十幾年前從事繪畫教學時，和同學般高談闊論的情景。我們蟄居之所向空寂，難得有客造訪，這時，便熱絡沸騰不亞市集了！

上次他來信時，附了幾幀照片，是屋子新近加蓋樓房後的圖片，裝潢仍是樸實簡約，而且更加開闊了，他自行設計雕刻的桌椅櫥櫃，恰如其分的安置著，觀賞實用兼得。信裡說屋子的事總算忙完了，現在全家過著充實而快樂的生活。

充實而快樂，多麼美好的生活狀態啊！我不但相信他說的話，我更要羨慕他了，這般境地，世上幾人能夠！更是幾家能夠啊？

賣魚紳士則是兩、三年前初識的，他本是向友人學習植蘭的學生，因為某種因緣，遇著了。友人是一位進取心很強的人，憑著一己之力，打出一片天空，前曾聞日本邀他去演講，近又聞他在美國購屋購地，開拓業務，做得有聲有色。而這位學生，性情卻迥然不同，和我們聊天，談的均是如何嚮往大自然，如何調理心性的事。由於他工作太忙，得凌晨三點起床，到魚市場批魚，拿到菜市場零售，再處理些雜事，到可以喘口氣，已是下午三時左右了。接著，又得研究蘭花的培育問題，每每要到深夜才可以就寢。因此，一直沒有時間來相聚。他倒不為工作勞累而苦，反是深深以不能充實自我為念。不過，每到年末，他的三個小兒女，都會寄來年卡，代表他的問候。

前兩個月，他竟翩然來訪，而且是全家光臨。他的夫人喜愛花草，看到我們鄰近樹多，妻權當嚮導，帶著她和孩子們四處尋覓芳蹤，紳士則和我談敘他近日來的心境。

說他是紳士，可是一點也不錯的，溫文有禮，在於今處處爭顯自我的亂世，就是廟堂之中，也難得有如此薰沐儒風之人。至少，就外觀看來，誰能相信他是一個賣魚小販呢？如進一步了解他的心性，更不是泛泛的池中之物了！難怪，在生意不好的時候，他可以不為斤兩所局，得失所苦，遊目四顧，欣賞市場中孜孜為營生計者的眾生百態了！若在古時，幸遇明君，誰知他不是諸葛之流？更誰知他不是棄五斗米於不顧的陶淵明之輩？

他說，目前心境頗苦，年近不惑了，所得幾何？難得有時間調理自我，曾找過許多書籍閱讀，始終無法開展，如果長此以往，將何以堪？並說，這種心靈的困頓，還不曾好意思和人談過呢！不想相談二、三十分鐘後，他竟然面露喜色，以為得到若干紓解，我也為之高興不已，之後，又說，他有一輛雙人踏的骨董腳踏車，不名貴，但有味，想要送給我們。我則以為他有孩子，他們住的地方又在近海的鄉鎮，平時騎之出遊，一定有意思多了，再三婉辭，他還是說那天有空要載過來。

不想，前些天的黃昏，他來了，身後放著一輛充滿古趣的黑色腳踏車，而且是四人座的，體積正如一輛馬車。

他竟是利用難得的空檔，開了兩個半小時的卡車專程送來的！

一進客廳，他便興匆匆的說，自從上次來訪之後，想開了，現在不賣魚了，改做模板工人。賣魚雖然收入較多，但還是得擔心生意的好壞，怕影響生計，需要多費心思，划不來。想來想去，不如放了吧！乾脆去當模樣工人，下完工，什麼都不必管，他現在照樣是凌晨三點起床，利用上工前的這段時間，可以多看點書。而且，賣魚時，得陰暗雜亂的市場裡，當模樣工人，由於是在台灣極南端的的一處小鎮，還可以看到許多綠油油的田野，廣闊的天空，心境舒暢極了！

我問他，在大太陽下，不辛苦嗎？身體可以嗎？

「不會的我以前當過七、八年的海員，這些都沒問題。」他像一個逃出柵欄的動物，在大自然裡歡躍著。

接著談到骨董車的來歷：

有一天，他在街上偶爾看到一位老婆婆推著這輛車子要去賣，說是以前英國人不知什麼因緣，送給她兒子的，早就沒人騎了，想賣給收舊貨的。

「要賣多少啊？」

「一百五十元」。

這麼便宜，紳士不禁笑了！

「三百元，賣給我好嗎？」

他會說出這段過往，為的是表示車子很便宜，稱不上什麼禮物的。

其實，車子的造型真是很美的。尤其是他利用難得空閒，趕了來回五個小時的車程送來，這番盛情，豈是任何價格可以比擬？

談了不到二十分鐘，連留個晚飯都不肯，便要趕回去了，我知道，他是個好丈夫，好爸爸，要趕著回去和妻兒歡敘。

人之有幸，幸在有友，有友之幸，幸在誠摯相敬，這兩位曾經賣過魚的朋友，在我心目中，一個是真正的藝術家，一位是道地的紳士，我以擁有這樣的朋友為榮。

原載82．7．15《台灣新生報》

賣魚的人總會沾染一些魚腥味，我們總覺得那是汙穢、齷齪的感覺。但，粟耘的〈我的兩個賣魚朋友〉卻告訴我們：職業不分貴賤，賣魚的人也可以是藝術家，更可以是紳士，我們不可以輕視市井之流，很可能臥著龍、藏著虎，傑出的人士就隱身其中。對於各行各業，我們都應該抱持這種敬重的態度。

反過來說，將來我們進入社會，也可能進入不同的行業，一方面要有敬業的精神，一方面更不可妄自菲薄，即使是賣魚賣漿，都不可忘記讀書，不可忘記培養自己的藝術興趣。不論是什麼工作，不論是什麼職業，生活總要過得愜意，知道讀書，能培養自己的生活藝術，那就可以有自己的品味了！賣魚的木雕家，種田的書法家，清道夫的紅學家（我就遇到過一位小樓清潔工人寫出研究《紅樓夢》的學術論文），台灣的生活水平、藝術品味，自然就提升起來了！

作者簡介

粟耘

本名粟照雄，男，一九四五年出生於台北市，卒於二〇〇六年，是一位隱逸型的作家和藝術家，曾榮獲一九八三年金鼎獎及二〇〇二年全球華人熱愛生命文學創作獎。自小愛作畫，愛天然，愛隨興看書，隨性作為，覺得日子簡單便好，生活貼實為佳，就是呆坐默想，也比爭世強。著有散文集《空山雲影》、《神祇的嘆息》、《寸園隨筆》、《一畦青草地》、《佛佑茶腹鳾》、《唐吉訶德與老和尚》、《我愛山叔叔》、《我是隻小小鳥》、《夢想的萌芽》等生命文學、兒童文學二十多種，皆為東方的《湖濱散記》、現代陶淵明的經典之作：內容多為對生命的體驗與感悟，對自然的關懷與省思，文筆平實凝鍊，清澹如人。

蓬島三帖

◎高大鵬

潑墨仙人

一條魚自自然然地游行於水中，魚水之間初無所謂認不認同的問題。魚不知有水、水也不知有魚，正是：人相忘於道術、魚相忘於江湖！我們這一代人，與斯土斯民的關係，多少有些近乎這個意思呢！

因此，若說魚認同於水、鳥認同於風、奶娃兒認同於母親，聽在我輩耳中，多少有些離奇之感！「大道廢有仁義、六親不和有慈孝」，推原老子之意，則惟其原本一體的「道」破裂了，才會轉生出「認同」這一問題，當大道還是渾然一體的時候，哪有認不認同、仁不仁義這些閒講究呢？

人，一輩子呼吸空氣，卻任誰也沒有認不認同空氣的問題，當空氣也需要認同的時候，人活著，就很辛苦、很不自然，而不免類乎某種氧氣罩裡病態之存在了！

我們這一代，所謂「外省人第二代」，雖然背負了不少由長輩處聽來的「廢園舊事」，以及屬於那一個時代的「戰國風雲」，然所謂「國仇家恨」、「往日情懷」者，畢竟是昨夜的風雨、過眼的雲煙了……，更何況我們壓根兒沒見過那些風雨和雲煙。一海之隔逾四十年，這一切風雨雲煙更不能不在歲月的迴流裡漸次沉埋了！對於一海之隔的彼岸之種種，歷史文化的「認同」自然是有的，而地理鄉土的認同已談不上。我們認同的是孔子的松柏、屈子的蘭蕙、淵明的菊、周子的蓮……，從後主的春花秋月到東坡的天涯芳草，在歷史的一江春水裡，誰也不能免於這集體大意識的洗禮，而多少感覺到春江水暖處做一隻土生土長之鴨子的快活與自在！我至今愛看故宮的古畫甚於畫廊的西畫，在荊關董巨、馬遠夏珪他們的巨幅山水下感到無比的舒暢與愜意，正是這一份超乎認同的認同有以致之的吧！

然而，類似庾蘭成〈哀江南賦〉那樣濃烈的悲劇情懷在我輩心裡是慢慢淡化了去的！四十年雨絲風片、煙波畫船，我們這一代多似梁楷筆下的潑墨仙人一般，以醉八仙之姿飄然穿過這一片煙雨迷濛的米家山水而行將終老於斯了！而，這樣的結局，這樣的宿命，我竟看不出有什麼不好來！

四十五年前，家父初到台灣時，正是反攻號角吹得最響亮的時節，當時他的一個「勤務兵」級的朋友卻對他說：「別聽他們敲鑼打鼓又吹號，咱們只怕要準備在這裡當老仙了呢！」這話在當時絕對是笑話，甚至可以抓去殺頭的！詎料四十多年後，它卻「可笑地」應驗了！這位貌不驚人、胸無點墨的大老粗，何以在千旗飆舉、萬箭蓄發的鼎沸之際，竟能保持這一智慧的冷眼和驚人的預見？且能領先時代如是其遠！他是如何覷破歷史詭祕的機關？這是我至今不能參透的一個大謎……，二十年來偶爾想到這位土木形骸、真人不露相的「大先知」，我心便像走入煙雨迷濛的米家山水裡，遙見一位潑墨仙人以「眾人皆醒我獨醉」之姿施施然踅過那一片被模糊了的歲月和被遺忘了的山水中……。

蓬萊仙島

台灣古稱蓬瀛，是海上仙山，很有一點迎風高舉遺世獨立的況味！先天上和內陸保有一分不黏不脫、不即不離的奇情妙趣！縱覽華夏輿圖，中國人走到台灣，算是走到最後一站了！她在地理上的這一點「仙氣」，這「最後一站」的意味，或許竟暗示著屬於她的某種「天命」也未可知吧！

飲酒讀書三十年！在我看，中國歷史發展的大勢，似是由西而東，由北而南，由陸而海的一大歷程！大風起兮雲飛揚，天風所吹，萬物披靡，人，乃如風吹草低見牛羊，不自覺也不自己地被風吹向風所要去的地方！就這樣夏商周地由西而東，漢唐宋地由北而南，元明清地由陸而海……，秦皇漢武、唐宗宋祖、成吉思汗，乃至「還看今朝」的那一位狂客，這些千古風流人物豈不都是被風所吭被流所轉的命運之牧童？而不論他們如何百折千迴，間關萬里，而黃河九曲，總歸出海！蓬島乃如驪龍之寶珠、補天之采石、終有其「最後一著」之全體大用。乃如畫龍點睛，有些一著則通體俱活，破壁飛去矣！而今或竟當神龍掉尾、歷史回潮之時！從此由海而陸，由南而北，由東而西，朝歷史的反方向完成歷史之大輪迴！天風既如是吹動，世運既如是流轉，則當今種種「返土歸流」之動作，豈不皆以鮭魚回潮般在碧海洪波中自有其不期然而然的沛然難禦之命運為之驅策？啊，天風海雨中，有誰窺見在凌跨歷史五千年的高空上，一條神龍宛轉激昂，正帶領一大族群浩然歸航！

當火鳥焚盡，輪迴造成，當神龍終於卸下仔肩，逍遙引吭乎九天之上，接下去，又將是怎樣的戲碼？我想，或許是易乾用九，「群龍無首」之象吧！屆時，中國人將紛紛走出那一條擁戴了五千年，也被它埋沒了五千年的「龍套」，不再扮演龍之一鱗一爪、一角一珠，所有的舞龍者都要走出龍套來，恢復本來面目，個人做他自己！從此，舞龍而不為龍所舞，戲鳳而不為鳳所戲，萬紫千紅、遊戲三昧，一切又像回到春天的樣子……，穿越日夜交錯的千山萬水，我彷彿看見一個綿長無盡的舞龍舞獅的隊伍，正浩浩蕩蕩走向歷史最後的地平線，挾著神祕合唱的歌聲，迎向人類的另一個大年……。

哦，驪龍之珠、補天之石、謫仙之島！懷抱著這般宏大不經的異象，我且將終老於斯島而了無憾焉……

無站牌故鄉

有一回，在朋友家裡看到一塊陳舊的火車站牌，上面寫著「開往嘉義」——斑駁的鐵皮上滿是風雨的痕跡，看得出是在「火車快飛」時不經意掉落下來的。朋友的老家就在嘉義，這車牌所標示的正是一派沉鬱的滄桑和無限低回的鄉愁。車牌出現在車站並不奇怪，但乍然出現在有冷氣的客廳裡，卻別有一分超現實的意味引人遐想……。

（記憶就像倒掛的火車頭，帶著季節，穿越千山萬水，穿越每一個時光的隧道……。）

望著這塊車牌，我的心裡也浮現出許多褪了色的站牌，猶自在風雨中守望著無窮的歲月……哦，若能偷回那些站牌，以及站牌上所標示的歲月，我願順著悠長的鐵路，一站一站地開回過去！弄回那些有著叫賣便當聲的蒼老小站、開回那些有著留言板和告示燈的寂寞小月台……四十年啊，深深在這裡埋下我大半生的生命，一站站開過去的不是月台，而正是不能重來的一生！

老站牌、留言板、手提告示燈、寂寞小月台，以及那些傷逝在風中的叫賣便當聲……，過往的種種都在這歷歷的小景中一一浮現出來了。啊，給我一個倒掛的火車頭，首先我要開往楊梅，這裡有我當過兵的小山崗，夜夜數算沁涼的星斗如同數算回家的日子……，其次我要開回台中——成功嶺、太陽餅，那些曬得黑黝黝的年輕日子，是否還在嶺上迎風飛揚？接著我要開回新營——芭蕉林的綠天裡有我被蜻蜓偷去的一片童心，似猶在蟋蟀的哀歌裡悄然沉吟……，然後我要奔向楠梓，在多蟬聲的夏天裡，看煉油廠上永不熄滅的天火奇觀，如何引燃一顆仰頭天外的少年心！

如其可能，我願驅車入海，渡越洪波，直入孤懸海外的馬祖島——在那裡，我也曾執干戈以衛社稷，幻想跨長鯨越大海，遨遊九天！最好還能搭上沒有扶手的彩虹跨海而去，在無數海豚飛躍的簇擁下橫波台灣海峽，臨空一覽孕育我生的海市青島——看看她是不是還有細雪如銀海、繁櫻似海潮？我願化成一陣清風，向櫻海深處作無聲的翻湧……，我願騎著海豚潛入海底，探一探傳說中的海牛，是否還在千潯之下呦呦鳴叫，警告過往的船隻，大霧就要來到……啊啊，我更想學龍貓撐傘浮游天際，看莽莽神州誰主浮沉？看美麗的地球如何旋轉！最後啊，最後，我願沿著銀河鐵路一直飛向矗立在銀河深處的神之城堡……。

然而——「開往嘉義」！重現眼前的仍是一塊不勝滄桑的古老站牌，它靜靜棲息在有冷氣的客廳裡，無言地說明了，其實主人今天哪裡也不去。而，比他更疏懶的客人，我，更只是一個天涯臥遊者呢！懷想康德一生不出康尼斯堡，而影響所及竟至於聯合國之設……，巴哈畢生未離普魯士境，他的大小賦格至今在銀河深處旋轉漫遊。我，一個「心憚遠役」的「散淡人」，也只有向廣大的夢之草原上去架設我橫貫鄉愁的銀河鐵路了吧……。

「開往嘉義」！我羨慕朋友能有一個明確的地點寄託他的無限鄉愁。至於我，從基隆到左營，處處都有招隱的站牌，卻處處都是過站不停的美麗錯誤，究竟哪裡才是此生的最後一站？仰觀夜空繁星點點，天宇深處似有無數個小站喚我歸去！對於宇宙浪子，吟遊詩人，或許應該這樣說吧：凡是有美、有愛、有神的地方，都是我的歸宿、我的故鄉！

而，這樣的故鄉，自然是沒有站牌的！

原載82．8．12《中國時報》

編者注

高大鵬，外省人第二代子弟，他以〈蓬島三帖〉寫出他認同這個國家，認同這塊土地的心聲，娓娓敘說，令人動容。

在〈潑墨仙人〉這一帖，他覺得他像梁楷筆下的潑墨仙人，以醉八仙之姿穿過煙雲迷濛的米家山水而將終老於斯，這樣的宿命結局，他覺得沒有什麼不好。很自然，很順理成章的事。外省人第二代、第三代早有這樣的心理準備，台灣就會早日結束紛爭，愈見安定、繁榮。

最後一帖〈無站牌故鄉〉，胸懷更廣遠，「凡是有美、有愛、有神的地方，都是我的歸宿、我的故鄉！」這與出生南投的詩人向陽所說：「雙腳所站，都是故鄉」的說法，不謀而合。顯然，不論（所謂）本省人或外省人，新的一代都有這種認識了，更新的一代會有更諧和的觀點，蓬萊島有福了，美麗島更美了！

這篇所激勵的志，是台灣人最大的道德觀。

作者簡介

高大鵬

筆名高達，一九四九年生於台灣基隆，山東省臨朐縣人。政大中國文學博士，曾任《聯合文學》總編輯，現任教於大專院校。著作有散文集《追尋》；詩集《獨樂園》；評論集《文海偶拾》；論文集《陶詩新論》、《少年胡適與中國文藝復興運動》；雜文集《吹不散的人影》等。曾獲金鼎獎、時報文學散文推薦獎、國家文藝獎等多項大獎。

掉襪子洗衣房

◎夏祖麗

這年頭，世界不停的變，人的腦子也跟著不停的轉，每天總有人會想出些點子，做點什麼別人沒做過的事。

就拿愛玲達和露伊莎這兩個澳洲年輕女子來說吧，她們兩個原本不認識，分別離開鄉下的家，到大城市謀生，但正逢經濟不景氣，到處裁員，找事不易。愛玲達在一家廣告公司找到了一個按件計酬繪圖員的工作，工資不高，收入也不定。而露伊莎則在一家小會計事務所作祕書，由於生意不好，已經有一個人被解雇了，她覺得自己的工作也快不保了。

她們兩個在同一幢大樓分別租了兩個房間，早晚出門及回家時，常會碰面，由於年齡相仿，很快就成了朋友。

大樓的租金便宜，但設備老舊，要洗衣烘衣，必須要到街對面的自助洗衣房，花錢使用投幣洗衣機或烘乾機。

自助洗衣房裡的燈光暗淡，灰白的牆壁因為溼氣而到處黴斑點點。再加上空氣混濁，機器單調沉悶的隆隆聲，常讓工作了一天的她們昏昏欲睡。而偏偏幾把破舊的硬板凳越坐越累。尤其是溼冷的冬天晚上，在那裡枯坐呆等，想看書也看不下，就盼望有杯熱茶，配塊甜點提提神。

每次她倆在洗衣房相遇，都忍不住埋怨一番，以前在家裡，洗衣服永遠是媽媽的工作，如今隻身在外，一個小小的洗衣問題，卻成了生活上的一個困擾。再加上單身離家，在大城市中討生活不易，省吃節用仍然存不下什麼錢，使這兩個年輕人覺得前途茫茫，不知是否應辭去工作回鄉算了。

不久，露伊莎因公司縮減經費，被裁掉了。失業的那天晚上，她心情低落的抱著大堆髒衣服到對街的洗衣房，正好愛玲達也在那裡。愛玲達安慰失意的露伊莎，也為自己愈來愈少的繪畫工作而擔憂。

正好這時候，她們看到洗衣房要出讓的招貼。兩個人靈機一動，何不把它頂下來呢？這一帶公寓大都沒有洗衣設備，而租住的多半是單身或學生，不怕沒有顧客上門。

她們取出所有的積蓄，又向家裡借了點錢，再向銀行貸了些款，接手了這家洗衣房，並且取了個有趣又響亮的名字——「掉襪子洗衣房」，因為經常有人忘了襪子在洗衣機裡或烘乾機裡。

她們把慘淡的燈光換成明亮柔和，又親自動手，把斑駁的牆壁漆成溫暖的嫩黃色，學藝術的愛玲達在牆上畫了許多有趣的圖案，把氣氛妝點得和以前完全不同。

另外，她們還多添購了幾架機器，變成八架洗衣機、六架烘乾機，以容納更多客人。

她們在洗衣房空出來的一角，布置成咖啡座，她們向二手家具店買來一些舊桌椅，鋪上雅致的桌布，套上自己做的椅套，看起來就像新的一樣。咖啡座賣飲料也賣點心，並且還提供書報雜誌。等待洗衣的人可以點杯咖啡，叫塊點心，一邊看書打發時間，一邊還可以欣賞優美的音樂。

為了方便來洗衣的媽媽們，她倆還細心的圍出一個孩童區，裡面鋪上地毯，擺設一些玩具積木，讓孩子也不會無聊。

很快的，「掉襪子洗衣房」的名聲就在那一帶傳開來了。有上門洗衣的，也有來吃早餐的，或喝下午茶的。露伊莎從媽媽那兒學來的「起士蛋糕」及「黑森林蛋糕」名聞遐邇還有人是專門為買蛋糕而來的呢！

她們的生意一天比一天好，工作得也起勁愉快，再也不怕失業了。不到一年，貸款及借款就都還清了。

愛玲達和露伊莎在遇到困境時，因為一個念頭，而為自己開創了一條路子，如果她們當時打道回鄉，也許又是另一個故事了。愛玲達說：

「我們還年輕，我們熱愛工作和生命，我相信這只是我們的起步，但是不論如何，以後再遇到困難，我相信我也不會徬徨害怕了！」

原載82．10《幼獅少年》

編者注

夏祖麗小姐報導了兩位初入社會的小女孩如何設計、經營一個洗衣房成功的故事，誠如主角之一的愛玲達說：

「我們還年輕，我們熱愛工作和生命，我相信這只是我們的起步，但是不論如何，以後再遇到困難，我相信我也不會徬徨害怕了！」

這樣的一個故事給我們許多啟示：

首先，台灣的服務業發達，很多年輕人投入這一行業打工賺錢，但這不是真正對台灣經濟發達有正面助益的工作，趨之若鶩的人很多，令人擔心。我們需要的是製造業，願意辛勤投入的卻不多，至少，類似洗衣這樣的工作還算是努力付出，是值得鼓勵的。

其次，事業的成功都是能為別人（顧客）著想所造成，愛玲達和露伊莎布置咖啡座，賣點心，設兒童區，無一不是為客人設想，所以她們成功了，小小的洗衣房如是，大事業、大工廠，無一不如是。小小的生活瑣事，待人接物間，不也是這樣嗎？

作者簡介

夏祖麗

一九四七年生，江蘇省江寧人。擅長報導文學的著名作家，也是林海音的女兒，這幾年她先後撰寫父母何凡、林海音傳記，為文壇留下佳話。曾任《婦女》雜誌編輯、純文學出版社總編輯，現旅居澳洲。早年以寫人物專訪著稱，近年來旅居澳洲之後，視野更為開闊，筆端擴及散文、兒童文學與移民文學。編著有《她們的世界》、《握筆的人》、《人間的感情》、《異鄉人・異鄉情》、《天堂鳥與奶瓶刷》、《南天下的鈴鳥》、《從城南走來——林海音傳》等書，曾獲頒圖書金鼎獎、中國文藝協會文藝獎章。

人生座右銘

◎念坡

寬容他人即是善待自己

屋基的闊度，決定尖頭的高度（愛默生）

據許多研究和心理測量結果顯示，百分之九十有心理障礙的病人，在人際關係上幾乎都會有欠缺。由此可知，人際關係的好壞，在許多時候是可以作為一般人心理健康與否的反映。

心理不夠健康的人，往往個性偏執，欠缺與他人溝通的能力與技巧，性情忌好猜疑，容易引發情緒的不穩定，久而久之，自然成為一個不受歡迎的人物。惡性循環所致，不僅自身排斥與他人溝通的機會、場合，自己也成為他人拒絕往來的當然對象。

曾經有一位朋友，在與他人交往時，主觀性強，一有偏見便不易改變。鮮少設身處地去體會別人的感受，不能見容朋友所犯下的無心之過。性好猜疑，總以為別人的竊竊私語，是在道自己之短。每天日子都過得不快樂，認為天下人都對不起她。漸漸地，周遭的朋友都疏遠她，唯恐是非滋生。這般緊張日子一久，這位朋友的情緒就更不穩定，不相信別人，憂慮深沉，破壞力強，價值混淆，憤世嫉俗，怨刺社會黑暗、人情淡薄、自覺孤獨、寂寥、缺乏安全感，影響所及，工作成效不彰，最後只有求助於心理醫師！

其實，一般人只要細心體察自己人際關係的變化，便能夠適時得到一些危機的警訊。心理健康、樂觀的人，能經由危機，在困難中找到成長的機會，唯有樂觀之人，才會怨懟錯誤，在機會中找到困難，兩者的差別關鍵，正是「寬容」之有無。能夠寬容別人的人，便能夠信任別人，心胸開放，不計較別人的錯誤，尊重和接納別人的意見，有成人之美。所以說，寬容使人有了創造和綜合的力量，它可以化解干戈，可以消融冰雪，可以創造「再生」，這一切，其實也就是建立圓熟人際關係所必須倚賴的基本條件。

換言之，「寬容」不僅可以交流互補人與人之間的溝通往來障礙，也可以突破人際關係中的桎梏，成功的實現自我，能夠寬宥別人，才能善待自己，而人生價值也才能在這寬容的過程中，得到體現，人生也才能自足完滿！

原載82．11《青年世紀》

尊重他人才能實現自我

近幾年來，由於社會轉型太快，許多相應而生的問題接踵而至。這種變化，不僅僅發生在工商業繁忙的都會圈中，即使一向被視為最單純的教育機構，也起了許多根本性的變化，不只是農民、工人，會走上街頭抗爭，就連莘莘學子，也披甲上陣，一副怒目金鋼之樣，開始為攸關自己學程生涯的種種，提出全理性的對待。

很顯然的，整個社會人群已經意識到「自我」存在的重要性，誰都不願意成為「沉默的羔羊」，任人宰割。所以，大家都自然的形成一個共識——坐而言不如起而行。的確，面對中國人能夠擺脫怯懦、認命的不堪民族性，勇敢地站出來為自己說話，應是件可喜之事，可是，似乎我們所看到的多數街頭抗爭，最後總會失於理智，而訴諸暴力，這樣的過程，怕是抗爭者，乃至多數國民所不願見到的事實。

中國人說：「發乎情，止乎禮」，禮者，也就是理也。任何一場抗爭，難免群情激動，但是，其所訴求的內容，一言以蔽之，往往就是身分「被合理的對待」，既然是要求講「理」，又何來「無理」之舉？原本是訴之有方，經過一場紛亂、暴力下來，所有爭求合理的過程，無端中，又摻以不合理的舉措，看在其他的市民眼裡，難免產生價值的混淆，認同的情勢，也就多少受到影響了。

社會上許多抗爭活動的發生，主要是抒發自己的「不平」，要求政府能夠正視社會問題之存在，原來「抗爭」的目的，自有其「互動溝通」的積極意義存在。不過，如果少數器小者，不能容許其他意見、不同的聲音的存在，強制要求政府必得配合、實現其訴求，煽動人群，導致流血毆鬥，這就失去了抗爭的合理性了。畢竟，在群體的社會裡，我們除了要為「自我」的存在，爭取應有的權利以外，或許，還更應該學習如何去尊重「他人」生活的存在空間。

原載83．5《青年世紀》

編者注

人我之間應如何相對待？大約是我們修養自己、對待他人的基本認識。念波先生多次在《青年世紀》上撰寫「人生座右銘」，深入思考人生，他提出兩句話，頗值得青少年作為借鏡：

一是「寬容他人即是善待自己」，自古以來的明訓就告訴我們「嚴以律己，寬以待人」，尤其處在今日多元化的社會，一個偏執的人無法建立圓熟的人際關係，生活、處事，都將陷入滯礙難行的窘境，因此，我們必須學會有寬容的心地，才會有寬廣的天地。

二是「尊重他人才能實現自我」，這篇文章中提到街頭運動往往形成暴力衝突，就是因為許多人只顧膨脹自己，追求個人利益，忘記自己之所以站出來抗議，就是期求「身分被合理的對待」，結果是要求講理卻反而不許別人講理，要求講理卻行「無理」之舉，這都因為未能尊重他人所造成。

人我關係諧和，社會才能安定。所以，寬容他人、尊重他人吧！這樣才能「實現自我」啊！

作者簡介

念坡

原名黃惠菁，台灣台北縣人，一九六五年生。曾任國立藝專、台北工專、東吳大學教師，著有學術論文《東坡文藝創作理論研究》。

做個全方位的現代人

◎康宗虎

人，總有理想。作為一個現代人的你我，更是充滿了無限的憧憬與無窮的希望，對自己亦有一番期許，期望在曲徑通幽處，為自己開創一片桃柳爛漫的桃源仙境。可謂「人生有夢，築夢踏實」，除了要踏穩我們的每一步外，更要有信心、決心、恆心、愛心，如此以來，無論晴空萬里，抑或大雨滂沱，均能一往向前。

《老人與海》中飽嘗風霜的老人，架起釣竿、拋下釣餌，在海上漂流了幾十天，憑著信心終於捕到一條大魚。當他拋出釣絲，便開始和命運展開角力，最後的成功，全賴他豐富的經驗和不移的意志，這便是信心的重要。作為現代人的你我，要實現理想，信心與定力是最重要的基礎。

老子有云：「千里之行，始於足下。」空有理想，倘若不能下定決定，豈不舉步維艱？優柔寡斷者很容易在欠缺選擇下，磐固原地而不前。所謂「決心」，也許是很平凡的道理，但能夠堅持沿著這條平凡的路走去，無疑的才是個不平凡的聰明人。因此下定決心，堅毅不屈，堅苦耐勞，對你我理想的追求是何等的必要啊！

日本有位雕刻家北村，一天夜裡，他正在製作「祈禱和平像」的塑像，腳下看到一隻蠕動的蝸牛，不料第二天清早，竟在九米高的塑像頂端看到了它。「為者常成，行者常至」。他深深被孜孜不懈的精神感動，這不屈不撓的恆心，也成了他的標竿，恆心啊！恆心！擁有它，我們才能超越今日，向明日的歲月挑戰。

做現代人，最可貴的便是愛心。只要擁有對自己、對他人、對事物、對社會、對國家……的熱愛，便能在生命火焰中，添加薪柴，使它熊熊耀眼，光熱四溢。當愛心滿懷，周遭的暖流才能源源不息。唯有充滿「愛」的現代社會，才能讓你我幸福快樂。

除了上述的信心、決心、恆心與愛心之外，你我的人生不可或缺的，應是人生奮鬥的目標了。大地在地圖，海洋有海圖，生命有其目標，我們在縱座標軸及橫座標軸中，當可找到自己的位置，在決定準確的方向與目標後，我們即可從容不迫地沿著航線，奔向漫漫的人生之旅，只要真摯的追求有意義的人生，便不致躊躇逡巡於十字路口，而無所適從。

倘若我們認為開展心胸也很重要，別忘了「書」是個好朋友。好書可以激勵我們生活的勇氣與熱情；它可以擴大對人間苦難的同情、悲憫與包容；它可以啟發人生思考，面對困惑；它可以增廣見聞，開發創意；它可以提升語文鑑賞、寫作與審美的能力；它可以帶來閱讀的樂趣與精神上的充實。

試想：稚嫩的樹苗須經多番風雨，才能長成參天巨木；一泓海水亦得經堅硬礁石的阻隔，才能激起壯麗的浪花，我們要實現理想，追求目標，不也要經歷諸多的考驗嗎？要作為一個全方位的現代人，在了解人存在的價值與人生奮鬥的目標之後，則須以堅定的信心、決心、恆心努力以赴；同時以無比的愛心來關懷社會；並以不斷的求知來充實我們的心靈，和適應現代快速變遷的需要。總之，建立正確而健康的人生觀，以及寬廣的國際觀，應是全方位的現代人所必須的。

原載82．11．10《北市青年》

編者注

「全方位」的訴求，已經成為九〇年代人共同努力的目標。政府，要是「全方位」的政府；老師，要有「全方位」的教學方法；學者，也一定要具備「全方位」的視野。

學生，國家未來命運之所繫，當然更應該有「全方位」的學習精神和目標。

康宗虎校長提出「做個全方位的現代人」之訴求，正符應時代的需求，有高瞻遠矚的目標。他提出「四心」的觀點：要有《老人與海》中老人的「信心」，要有老子「千里之行，始於足下」的「決心」，要有蝸牛一般力求上進的「恆心」，要有「在生命火焰中，添加薪柴」的「愛心」。有目標，有智慧，必能克竟全功。

全方位的觀點，還包括：正確健康的人生觀，寬廣無礙的國際觀，才真能符合現代國際社會需要。青少年時代的孩子就應該有這樣的眼光和決心了。

作者簡介

康宗虎

一九四六年生，台灣師範大學教育研究所碩士。現任台北市教育局長。台北市教育界服務已三十餘年，除擔任過中小學教師、大學兼任教師外，並曾任高職校長，在教育局從基層科員做起，歷任科員、股長、專員、科長、副局長等職，具有教育專業，同時行政經驗豐富，且因擔任過校長，對於學校教育及基層需求有深入的了解，另方面也能傾聽家長、教師的意見，重視溝通，關懷學校。

立立的祕密舞台

張芬齡

自出生即在父母親陪伴下長大的立立，幾乎沒有一刻孤獨過。她和媽媽一起扮家家酒、捏黏土，和爸爸一起聽音樂、下象棋，即使在門口和附近小孩玩遊戲，爸爸或媽媽也一定跟在旁邊。媽媽在廚房準備午餐時，總會不時探頭問爸爸：「立立呢？怎麼沒聽見她的聲音？不知道一個人在樓上做什麼？」和爸媽外出，她永遠搶占中間的位置。她像一個球，但無論多大幅度的蹦跳或滾動，她永遠在父母親預先設置的安全防護網內。

從未孤獨也從未享受過孤獨的喜悅的立立，在上了小學之後，仍是一個愛撒嬌、愛黏人的孩子，但是有時候她會向爸媽要求一些些「免於被陪伴」的自由。她要求媽媽讓她一個人過馬路到對街百貨行買一包綁辮子用的橡皮筋；她要求自己練習洗澡，自己練習洗衣服；她要求爸爸不要在一旁講解而讓她自己看音樂解說；她要求媽媽不要帶她上街買菜而讓她獨自待在家裡畫畫；她要求自己做功課，要求爸媽進入她房間之前得先敲門。

眼看這個上廁所從不關門，而且心裡頭藏不住話的小女孩，開始為自己爭取保有隱私的權利，眼看這個小時候立志嫁給爸爸以便和媽媽永遠在一起的小女孩發表她的「獨立宣言」，立立的媽媽很高興女兒真的長大了，逐漸長成了獨立的個體，但是，當女兒關起房門之後，一向以尊重人權和了解人性自許的媽媽，卻有種被遺棄的感覺，她若有所失地徘徊門外，有了偷窺的衝動。她問立立：「妳在房間做什麼呀？門關著，會熱死的！」立立說：「這是我的祕密，不可以讓你們知道！」

但是，媽媽不久就識破了立立的小祕密，因為媽媽從來沒有教過大嗓門的立立「隔牆有耳」這個成語，而且立立常常粗心忘記「湮滅證據」。原本立立祕密地成立了一個「文具劇場」，每天上演她自編自導的宮廷愛情故事。舞台就設在她平日做功課的書桌上。

立立在上面建了一座頗具後現代趣味的城堡——堆疊的鉛筆盒是城牆，豎起的尺是樓梯，斜傾的書架是大門棄製雕花筆筒是石柱，銀色鈴鐺是門鈴，小小的桌燈是大大的太陽。堡內的設備一應俱全：綠色的衛生紙地毯，筆記本床鋪，橡皮擦枕頭，廣告紙床單和棉被，香皂盒茶几，藝術茶墊屏風，字典櫥櫃。城堡的四周布滿了短小的鉛筆士兵（那是立立入學至今用剩卻不捨得丟棄的筆尾巴），城堡內則住滿了各式顏色、各樣長短的鉛筆紳士和淑女們，男士們的頭上都頂著橡皮擦高帽，女士們的腰際都繫著立立設計的紙裙。最令媽媽好奇的是在筆記本床鋪上已足足躺了兩個星期的深綠色利百代鉛筆和粉紅色雄獅鉛筆。

在媽媽的苦苦追問和一個蛋捲冰淇淋的誘惑之下，立立道出了背後那段淒美的故事：「利百代鉛筆王子愛上了敵國的雄獅鉛筆公主，就在他們準備爬牆逃走的時候，他們的父王請毛筆大將軍命鉛筆士兵發射牙籤竹箭把他們射死，所以他們只好一直躺在床上啦！」這個老掉牙的故事架構，經過立立用全新的媒介物所呈現出來的效果真是令人耳目一新，那是一種動畫趣味，童真的放任。立立告訴爸爸媽媽只要他們保證不偷笑，以後上演新劇時，她會邀請他們當觀眾的。

立立的爸爸和媽媽等了又等，卻不見新劇上演，劇場的布景和道具依舊，公主和王子的故事大同小異、周而復始地進行著。他們原先以為立立江郎才盡，再也想不出新點子，後來才知道立立的自戀狂和收藏癖又犯了。她過於愛戀自己初任舞台藝術總監的「處女作」，捨不得變動舞台上的一景一物，一兵一卒；沒有全新的場景，當然也就無法上演新的戲碼了。最後，立立乾脆「封鎖」劇場，把剎那凝結為永恆。從此，這個文具劇場成為立立最具特色的收藏，不供玩賞，只供憑弔，就像古希臘神殿遺址或羅馬競技場的廢墟一樣。

隔不了多久，立立又在爸爸媽媽的臥室另闢舞台，上演她的「飯店秀」。她把所有的布偶都召集到床上，分派它們不同的角色：兔寶寶擔任櫃台小姐，小象和小熊是第一桌客人，大白鵝和猴子是第二桌客人，長頸鹿是大門守衛，而立立本人則擔任大廚師兼侍者，她心愛的兩隻小白狗是她的助手。在安排這些客人入座之後，立立為它們點菜，並且親切地遞上餐桌紙、餐巾和刀叉。總之，她把爸爸媽媽帶她上餐廳吃牛排所看到的那一套餐廳服務全用上了。

媽媽在幾次偷窺之後，歸納出一個結論：立立大飯店的拿手好菜是衛生紙三色麵，跳棋生菜沙拉，圍棋咖哩飯，象棋銅鑼燒，和名實相副的石頭火鍋。立立是個專注又忙碌的廚房工作者，常常媽媽在一旁站了半天，她仍渾然不覺。不過，一旦被她發現，會即刻被驅逐出境，因為「這是動物大飯店，人類是不可以進來的」。

最有趣的一齣戲是在媽祖誕辰的第二天上演的。媽祖誕辰那天，立立跟著媽媽到媽祖廟看善男信女膜拜、燒香，順便沾染一些節慶的氣氛。廟前廣場上的祭祀桌上整齊有律地擺滿了一盤盤祭品，立立目不轉睛地看著。回到家裡，爸爸拿出《台灣民俗大觀》，為她講解台灣的神祇和祭祀禮俗。這是立立的第一次宗教之旅。

第二天中午，媽媽喚立立吃飯，三次叫喚，不見回應，於是推開臥室房門一探究竟。媽媽愣住了，眼前竟是熱鬧滾滾的廟會情景——一盤盤的菜肴放滿了整張床，塑膠餐盤上裝著塑膠炸雞、熱狗、三明治，塑膠鳳梨、葡萄、蘋果、塑膠豌豆、茄子、玉米，塑膠煎魚、荷包蛋；立立拿著三枝彩色筆，帶領著她的芭比娃娃們，虔誠地跪拜。她告訴媽媽她為媽祖、王母娘娘和觀世音菩薩準備了豐盛的食物，替自己和芭比娃娃許了好多個願望。媽媽問她許了那些願意，她神祕地搗著小嘴說：「這是我的小祕密，不可以告訴你們。」然後眨眨眼睛問：「我用假的水果和食物拜拜，不知道可不可以？」媽媽說：「媽祖知道立立還小，不會賺錢，買不起真的食物，一定不會怪妳的。只要立立乖乖吃飯，快快長大，願望就會實現的。」

立立在家裡的各個角落不斷地建立她的祕密舞台，上演她的戲劇。除了書房和臥室之外，浴缸、廁所，沙發、地毯、桌子底下，都是她揮灑想像、實踐戲劇人生的地方。她讓米老鼠愛上唐老鴨，讓白雪公主和巫婆成為好朋友，讓兔、狗、熊、豬成為一家人；棉被是魔毯，毛巾是披風；巴黎鐵塔就在倫敦鐵橋的旁邊；向日葵和梅花同時怒放；貂蟬和西施轉眼成了熱情的夏威夷姑娘。在立立的祕密舞台裡，善惡、美醜的界限不見了，時空穿梭自如，四季交融，世界一家，快樂的想像是支配舞台的唯一美學。

原載82．11．17《中國時報》

編者注

孩子的學習能力很強，看一眼，他就學會了，張芬齡寫她的女兒立立，上一趟餐廳，她就可以模擬一套餐廳服務，參加一項媽祖誕辰廟會，她也學會了拜拜許願的整個過程。小時候的孟子不也是這樣嗎？殺豬、祭祀、讀書，一看就學，一學就會，青少年時期正是人類學習能力最高、記憶能力最好的時期，我們不能錯失了這個最佳的學習時期。

這篇文章主要表達的是：父母對子女的尊重，容許孩子有個「祕密舞台」，讓孩子奔馳他的想像力，擁有自我創造的想像空間，隨興之所至，發展自己。父母只是在旁提供必要的協助與指引。我們或許有、或許沒有一個獨立的空間，但至少我們會有一面書桌、一顆心，我們仍然可以馳騁我們的想像力，飛天遁地，無遠弗居，無所不能，這一點是我們不可放棄的專利。

張芬齡

一九五四年生，廣東梅縣人，台灣師範大學英語系畢業，曾多次獲梁實秋文學獎詩翻譯獎及散文翻譯獎。著有《現代詩啟示錄》、《立立狂想曲》、《小丑畢費的戀歌註釋》、《永恆的草莓園》；譯有《拉丁美洲現代詩選》、《帕斯詩選》、《聶魯達詩集》、《沙克絲詩集》、《密絲特拉兒詩集》、《神聖的詠嘆——但丁導讀》、《四方的聲音：閱讀現代．當代世界文學》、《親密書：英譯陳黎詩選1974-1995》等；編有《八十三年短篇小說選》等書。

談嗜好

思果

嗜好像刀，可以割雞，也可以殺人：刀由人用，嗜好聽人揀。嗜好可以送命，也可以給人好處無窮。好酒、好賭、好嫖，可以傾家蕩產，把身體糟蹋壞了；服用麻醉藥陷自己於罪戾，在短期內死亡，人也可以選一門學問來研究，日子久了，就成為專家。一般人沒有專門的嗜好，沒有大志，也不至於受害。

不過，人沒有嗜好，生活多枯燥無味！我們每天睡覺、吃三餐、工作，多少都一樣。當然這三件事也可以享受；總不免單調。只有富貴人家用得起廚師，天天換菜，普通人家能吃飽已經不錯了，還想有變化嗎？工作呢，多數人做的是例行事務，不要

說收垃圾工人，就連銀行經理幹來幹去，還不總是那些。高層人士像美國總統，只求沒有危機出現，那有許多奇蹟發生？唯有寄情於嗜好，忘記一下人生的煩惱和刻板，滋味無窮。

從來沒有人統計過，嗜好有多少種，那些事才算嗜好。其實，只要和自己的工作不同，無論什麼事都可以做來消遣。我知道有位太太專門蒐集餐館的菜單，分文不費，已經攢了幾百家的。她閒下來沒事做，就拿出來翻翻，覺得有趣。嗜好第一要和日常生活的性質不同；木匠不能再做木工，雖然美國卸任總統卡特喜歡幹這件事。他閒得無聊，做了許多桌椅，還幫窮人蓋房子，做木匠的部分。漁夫不能再去打魚，他學不來靠垂釣隱居的姜太公。整天坐辦公室的人要到健身房去練身體；籃球明星如邁可·喬頓最多打打高爾夫球。從前有人蒐集香菸裡面的種種畫片，有人蒐集小酒瓶（用來裝樣品酒的），不同的竟有兩萬多種。中國南朝有個劉穆之愛吃別人身上瘡痂（瘡好了以後結的又乾又硬的膿塊），中國人幾乎個個知道他這個怪癖，只要喜歡，什麼事都有人愛做，寫《聊齋誌異》的蒲松齡泡了茶、備了菸草，在行人大道旁邊，看見有人經過，就請他坐下來喝茶抽菸，說奇怪的故事給他聽，聽了回家就寫成故事。這樣搞了二十多年，成了這部出名的書。

我發現嗜好不能用來賺錢。嗜好往往引人走上生利這條路，如我的朋友某君喜歡攝影，他說，他花了不少錢之後，就賺起錢來了。我也有同樣的經驗，少年時候喜歡動筆桿兒，在小學的作文就貼在圖書館門口了，想不到二十幾歲就拿稿費。我的文友情形如何，我不知道，我寫作到了這個地步，只有文章刊出來之後，看看還有安慰，寫作的樂趣已經減了。常常想停筆，專心去讀書。讀書的趣味無窮，不會減少變質。（但是，如果別人指派我讀一本書，我就有反感，樂趣會沒有。這種讀當然和賺錢有關係。）愛唱京戲是很多人業餘的嗜好，可是等下了海（指票友變成伶人），恐怕以往的樂趣就少了，有時會有很多麻煩。票友是花錢的人，他登台一次，要酬勞琴師、替他化妝的人等等。別人看他出色的地方捧捧他，挺有意思。他一做了伶人，不愛唱也得唱，別人盡找他的錯，他要敷衍很多人，受許多氣，有時還給人欺負。以往的樂趣變成了苦惱。拉胡琴也一樣。以往是琴票，到處受人歡迎。後來成了琴師，別人一反常態，對他挑剔，什麼伶人的戲他都要伴奏。人不拿錢，總比別人硬；一拿了錢，就矮了半截。

還有嗜好要有點費人的精神和氣力才好，下棋、寫字、唱戲、打球等等，都可以越玩越高明。高爾夫球越打球進洞率越高。桿數少一下就是一次興奮。臨《蘭亭集序》越寫越得到王羲之的神髓。唱余派鬚生越唱聽起來越像余叔岩。那種樂趣比發了一筆橫財都更值得追求。寫字畫畫到了掛出潤格的階段，就有痛苦，不錯可以賣錢也挺不錯，不過你本來不是朋友不送，不是懂得欣賞的也不送。可是你有潤格之後，不管誰要你都得賣，題款要稱他「先生」，你一肚子不情願。有人甚至要你寫俚鄙的詩文。你當然可以加價，錢能消這口氣嗎？

嗜好雖然不賺錢，最好也不浪費。集郵的人不一定都像美國已故羅斯福總統，他買得起貴郵票。集郵的另一快樂是不花錢而蒐集到好郵票。還可以用自己多餘的跟別人換來自己缺少的。漸漸就集起了許多。或者在某一時期，如法國大革命，美國南北內戰，中國抗戰期間，或某一國，如非洲的法屬喀麥隆，你成了權威，誰也比不上你的完全；國際集郵會在某地舉行大會，一定要請你去參加，展出你的藏品，講你蒐集的經過，和你集郵的心得。

從前業餘京戲有人花了大錢，如請名伶指點，名琴師伴奏，都要重重酬勞。有人花了十幾萬兩銀子，錢用光了，也許這時候要下海了，賺些回來，雖然這不是愉快的事。

喜歡買書是嗜好——買得多的人差不多是一定不讀的。也可以買舊書，有時候會不齊全，有上冊，沒下冊，或者十本一套，缺了一本，心裡會不滿意。但是，愛書的人知道人生不如意事常八九，還是買下來，日後再想法補全。如果補到，那個快樂就大了。買新書貴一點，買回來也不一定看，可是比起上舞廳、打茶園來，便宜得多了，唯一的大缺點太累贅，遇到搬家，就沒命了。還有就是占地方太多，要有大的公館才容得下，並且要花錢製書櫃、書架，要編目錄，要保護照料，不然生起蛀蟲來會把書吃光，你讀書、欣賞的時候少，費的神可太多了。嗜好不宜負擔太重。

說起負擔，有人喜歡和新結交的女人結婚，一次一次離婚，變成十足的窮人，因為他付的贍養費就很可觀。有人納妾一個又一個，不但贍養花錢，陪伴她們就夠他分神的了。妾不像藏書萬卷的人書架上的書，書幾十年不去理也不出一聲怨言。不過人各有所好，做奴隸也甘心。話又說回來，書在書架上雖然不響，自己不讀也時常對書抱疚歉的意思，好像自己做了負心漢子。

嗜好最好有益身心，一般說來，嗜好既然能怡情悅性，就能增進健康。不過傷身的嗜好，仍然很多，好打夜牌，或幾天不下桌，飲食沒有限制，腸胃受苦受害，尤甚酒精中毒可怕，剛才說人為了嗜好，肯做奴隸，其實死也肯的。有人的嗜好是跳降落傘，還要到離地近了才打開，摔死的事很多，他們也不害怕。有人要在美加邊境尼亞加拉大瀑布兩崖間上空走索而過，時常風勁，有站立不穩摔下去的危險。而愛冒險的人時時會有。他們倒像聽了中國的諺語：「不入虎穴、焉得虎子」（他們的話是「不冒險，無所得。」（Nothing venture, nothing gain英文倒像中文——可見中文簡潔的好處——沒有中文諺語的具體生動。）

嗜好可以看出人的為人。人有嗜好要專一。一般人缺少恆心，玩玩就算了。少數人專下去，成就可觀。往往許多人一同起步，若干年後，有一個人玩出名堂來了，其餘各人先後放棄，沒有成就可談。有的人怕難，稍微用腦筋或體力的，他一概不學。他才沒有那麼傻呢。只有帶些「愚」的人，會死幹一件事，幾十年不丟手。他雖然愚笨，卻有恆心。

最後，也是最重要的一點是，嗜好最好是合乎道德的。當然，有好些事和道德無關，如集郵、集小酒瓶、集香菸盒裡的畫片等；可是許多嗜好並不都這樣的不妨害別人。我在香港友人家唱戲，鑼鼓敲得他樓上下人家耳朵都要聾，心驚膽戰，幾小時不得安寧。有人打電話來抗議，他們還是不理。（在美國，鄰人可以把警察找來。）這是小的妨害，別的大的可以太大。我不想在此刻說教。有嗜好的最好問自己。己所不欲，勿施於人，你幹這活，可會教別人受苦？

我相信正當嗜好可以減少患精神病的人，促進人間太平，社會進步。有人說太忙，殊不知不稍稍鬆弛一下，工作成績好不了。真有成績的人都能偷閒作樂。

原載82．11．18《台灣新生報》

思果先生的散文一向理路清楚，包羅周全，〈談嗜好〉這篇文章，自不例外。

在我們的日常生活中培養一個小小的嗜好，不僅讓目前的生活有所依傍，而且可能在未來的日子裡發揮出意想不到的收穫。有些人做好自己的功課之後，不曉得做什麼好，閒聊、閒蕩，看一些沒有什麼營養價值的電視節目，這種人無疑是在浪費生命，因為他沒有正當的嗜好。下棋、打球、學畫、攝影、集郵……，太多的「課外活動」，都可以讓我們目前、此刻的生活有所依傍，有所調劑。有些人大學畢了業，進入社會工作，讓他工作穩定、生活安定、心情靜定的，往往是他從小培養、從小發展的嗜好，卻不一定是他大學時代所讀的科系，思果先生在這篇文章中也提到賺錢生利，不過他沒提到很多人最後是靠「嗜好」作為營生工具的，嗜好與生計都能兼顧，未嘗不是好事。

思果先生在此文中談到嗜好必須是「有益身心」而「合乎道德」，在我們選擇嗜好、發展嗜好之初，真是應該以此約制自己，免得傷心傷身、誤己誤國！

作者簡介

思果

江蘇鎮江人，一九一八年生。本名蔡濯堂，曾任職中國銀行、香港工業總會、《讀者文摘》中文版編輯。從事散文創作四十多年，及學術翻譯。著有《河漢集》、《私念》、《藝術家的肖像》、《沉思錄》、《思果散文選》、《源遠流長》、《林居筆話》、《香港之秋》……等著。

旅人的夢

◎向陽

給我一個回不去的家。旅人，注定在漂泊的過程中完成自我。風雪、豔陽、冰雹、冷雨，還有髮上的塵灰，眼角的淚。旅人的夢，也許只是一個家，但醒來就回不去了。

每一棵樹中都有著蟲兒的家，每一片葉子中都是露珠的巢；每一條路上都有旅人的鞋印，有時則是足跡，但每一步鞋印與足跡的走向都被風沙覆滅。

既然叫作旅人，只有孤獨地前行。

西元七六五年五月，唐代詩人杜甫辭官離開成都草堂時，並無雨雪，但雨跟雪下在他鬱卒躁煩的胸中。所有的旅人都一樣，沒有世代交替的問題，也沒有省籍區別，意識形態瓜葛。杜甫乘舟沿江東下，夜很快就降臨了。

夜降在西元七六五年大唐的土地上，那時的唐，不叫中國，那時的杜甫，是個辭官不問政治的詩人。

夜降在兩旁微風的江岸，也降在小舟的桅檣上。杜甫猶如一株細草，心思敏銳而脆弱。權位與名聲，這人間世最大的兩塊餅，他曾擁有，現在都去了。旅人沿路攀折花草，終至花枯草萎，只剩下身外的自然——

星垂平野闊，月湧大江流。

海鷗，聽說是旅人的最愛。

從積極的角度，看海鷗，在蔚藍的天與蔚藍的海之間展翅飛翔，旅人可以感受到牠的無羈無束，自在自得。

從消極的角度看，海鷗既無片簷，亦無寸土，飛則虛空、降則孤帆，覓魚食、嘯聲，也空無回響。旅人亦復如是。自在，背面是孤寂；自得，轉眼是空虛。

飄飄何所似？天地一沙鷗！

●●●

那些有片瓦寸土可以遮避的，其實也都是旅人。片瓦是借來的，寸土是貸來的，一生也是賒來的。

講每一個季節中，花開花謝，有時是自然的凋零與再生，有時是受到不可抗拒的外力所摧折。

在每一個歲月中，生老病死，有時是早種前因，有時則料所不及。

旅人，即使有了土地，仍在流浪，即使有了家，仍然不得安頓。

從這個家到另一個家，從這塊地到另塊地，從這個朋友到另一個朋友，從這個行業到另一個行業，從這個身分到另一個身分。

每個人每分每秒都在旅行，每個人都是旅人。

●●●

有些人喜愛陌生。陌生的國境、陌生的風景、陌生的心情、陌生的人。陌生，其實也是個夢。那些我們熟悉的，因為熟悉而不再觸動我們的心情；陌生，反而容易營造夢境。

在東京街頭，在巴黎街頭，在波斯灣海邊，甚至在吐魯番窪地。有些陌生的景象，你一生大概只能體會一次；有些陌生的臉龐，你一生大概也只見這麼一次；旅人的心，累積了太多的塵沙，所有的陌生，後來都像細沙一樣，每一種不同的陌生，最後是同一種顏色。

熟悉，到了此時才顯印出它的特殊。家鄉、故土、老友、妻小，一生忘不了，再怎麼流浪，他們的面貌依舊清晰。真正的陌生，分明清楚，就是熟悉。

● ● ●

到歷史之中旅行，也是旅人的另一個夢。

但歷史通常造假，不同的朝代建構不同的史觀，不同的國家寫自己的歷史。家譜是其中較免於虛構的歷史，但是一大堆祖先的名字中，除了血緣的傳承，意義並不存在。所以，有時候，虛構，是意義的起源，只要你相信他不是虛構，意義就存在了。

虛構，是歷史的本體；虛構，也是旅人得以存在的理由。在虛構的夢中，旅人窮一生精力，追索探討，只為了證明虛構的夢是個虛構的事實。

● ● ●

但所謂事實，雖然存在於已發生過的事實之中，卻不存在於所有與此一事實相關的認知之中。

認知與事實根本上是對立的存在。對每一個旅人而言，同一幕景色在同一個季節中，就有每一種不同的解讀。風景並不說話，但不同的旅人給了它不同的陳述。風景在這些認知中早已漂流。

風景，事實當然都是存在的，但在認知中，則又當然都是不存在的。菩提本無樹，明鏡亦非台。

事實，在旅人的心中，只是一大串謊言與夢想被加以合理化的風景。

在政治鬥爭與新聞運作中，尤其如此。

●●●

旅人，從他的旅行過程中，清楚曉得他為了不存在的夢而存在。每一個獲得，那是拋棄的開始；每一個了解，都是失望的起始；每一個旅人肯定前進的腳印，都印著退後畏怯的心情。所謂「逆旅」，此之謂也。

旅人有夢，卻永遠圓不了夢。因為，圓也是不存在的，所有的圓都是在點與線的組合中完成，而點與線都是空無。

空無，正是旅人的所有。

原載82．11．28《中國時報》

讀萬卷書，說不定會成為書呆子。

行萬里路，卻不曾聽說有著什麼副作用。

向陽的〈旅人的夢〉，說明了：「飄泊」才是人類心靈最重要的本質。人類從出生到死亡的過程，不妨視之為「旅程」，這一生，不也就是「這一程」？

這一生，是時間之旅；這一程，卻是空間之旅。一生，可以如此轉換，如此對待。因此，在〈旅人的夢〉這篇文章裡，最可貴的是，所有的人都以為到世界各地去觀光、遊學才是行萬里路，向陽卻進一步說：「到歷史之中旅行，也是旅人的另一個夢。」如此擴大學習的範疇，擴大學習的視野，擴大胸懷，讓我們及早學會看社會萬象，能有歷史的觀點，也能有世界的觀點。這一點認識，最為珍貴。

活到老，學到老。旅人一直在追索，在前進，這就是學習的精神、懷疑的精神，小小年紀，就該有這種走遍天下，認知萬象的決心啊！

作者簡介

向陽

本名林淇瀁，台灣南投人，一九五五年生。中國文化大學東方語文學系日文組畢業，美國愛荷華大學「國際寫作計畫」邀訪作家，文化大學新聞研究所碩士，政治大學新聞系博士。曾任《自立晚報》副刊主編、《自立報系》總編輯、總主筆、副社長。現任台北教育大學台灣文化研究所副教授兼所長。獲有吳濁流新詩獎、國家文藝獎、美國愛荷華大學榮譽作家、玉山文學獎文學貢獻獎、榮後台灣詩人獎、台灣文學獎、教育部推展本土語言傑出貢獻獎等獎項。著有詩集《亂》、《向陽詩選》、《向陽台語詩選》；散文集《安住亂世》、《日與月相推》、《跨世紀傾斜》；評論集《浮世星空新故鄉》等多種。

三聯想

◎黃永武

油條的聯想

記得初到台灣時，有小販沿著巷子挨門叫賣油條，閩南話油條不叫油條，叫很響亮的三個字：「油××。」

油條普及天涯，讓遊子少一份懷念，是很可喜的。回溯到清代中葉，油條仍只有北方才吃得到，劉廷璣在浙東做官十七年，吃不到油條，有一天他渡過黃河，在王家營草棚前看見有攤販在賣油條，這久違的河北風味，令他狂喜，不禁大叫：「啊！油煠鬼！油煠鬼！」用鹽水和麵，扭成粗繩一般兩肢，在熱油中煠成胖胖的身影，劉廷璣聽北方人叫「油煠鬼」，就寫成了這三個字。

台灣叫賣的油條聲，也很像「油煠鬼」吧？有一天我在書裡讀到，原來油條是發明於宋末，最早的名稱是「油灼檜」，取義於「油炸秦檜」。對了，耳邊響起台灣小販的叫聲，的確就是「油灼檜，油灼檜」，其實上海江浙一帶，不也叫「油灼檜」嗎？只是大家弄不清是那三個字，方言發音又不同，至於是什麼含義，更是清不透，說成「油煠鬼」並不對。

「油灼檜」傳遞天涯，教會了千古的人辨別忠奸，都恨秦檜，後代懸著秦檜的稻草芻像，當作箭靶來射的；更有鑄成鐵像，跪在岳王墳頭，任人對他批耳光、便溺的。千秋萬世都在為岳飛喊冤，秦檜真是永不翻身了。

但是我想起先父曾告訴我，民國十幾年時，杭州岳王墓前的秦檜夫婦鐵像，曾一度被投入西湖，水淺時又被撈起。當時浙江省長張載陽，有一晚竟夢見穿著滿身金甲的岳飛來訪，岳飛很緊張地告訴省長：「秦檜要逃走了！」張省長居然召集幕僚共商處置的方法，於是用水泥凝固住跪著的腳，又用鐵柵圍成欄杆，脖子上加鐵鍊並上鎖，變成現存於西湖旁的景象，嚴防秦檜脫逃，當時上海的報紙對這則夢話新聞，都曾詳加報導過。

「秦檜要逃走了！」這是什麼鬼話？對民國初年的人來說真是無從理解起，水泥鐵柵就能防得住逃嗎？秦檜若真逃走了去投胎轉世，到今日也已經是中壯年以上的人啦。以前我們無法了解，秦檜為什麼要殺岳飛？更弄不懂秦檜殺了岳飛，為什麼仍能安然做宰相？秦檜死後，朝廷還頒給他「忠獻」的諡號呢！秦檜以「忠」字蓋棺論定，當時輿論都沒說話，為什麼要隔好幾代，才將秦檜列入姦臣傳呢？

「油灼檜、油灼檜」算是民間還岳飛公道的一件食品吧？然而你看，果真有一天形勢比人強，人人得重新定位，岳飛的「還我河山」早變成受嘲笑的神話，假如岳飛活在今天，說不定也用金牌召來取走性命呢！以談判代替對抗，已成為全世界的共識，秦檜彷彿又重新抬頭挺胸，天下事唯他馬首是瞻，直航議和、交流務實，縱橫捭闔，光憑岳飛的意識形態，今天的評價叫作「僵化」，是不行了。唉，秦檜秦檜，腰間黃金閃閃，威風八面，輿論一片，秦檜豈止是脫逃了？可能早恢復了大富大貴，大行其道，將來又少不了被頒個「忠」字無疑。

歷史是一座視野開闊的旋轉廳，隨著大勢所趨，舊的信念紛紛崩落，觀念轉彎又轉彎，時空轉了一百八十度，終於使秦檜由反派角色又完全居於正面了。小老百姓是否還有人在冬烘地讀那些「哀哉忠勇好頭顱，不值秦奸一尺劍」的句子，為岳飛叫屈呢？時潮洶湧，是非原沒定準，忠奸搞不清楚，方言裡的「油灼檜」意識形態實在太強了，強到像在說笑話！可是儘管如此，我還是很懷念初到台灣時，聽深巷裡響亮的叫賣聲：油灼檜！油灼檜！

釣鉤的聯想

近年來台灣海釣的風氣愈來愈盛，一帆出海，大夥兒各準備一小盒香餌，期望釣一大簍鮮魚回來，釣魚真是一本萬利的事。

再想想姜子牙就是在河畔釣魚而做了大官的，嚴子陵就是釣著魚而睥睨皇帝的，可見魚鉤不只可釣魚，還可以釣名釣利，更可以一竿明月釣秋風、釣詩趣呢！

而歷朝皇帝也往往喜歡釣魚，唐玄宗率領群臣去釣魚，只有皇帝沒釣到魚，一個拍馬屁的臣子立刻說：「凡鱗不敢吞香餌，知是君王合釣龍！」帝心大悅。明太祖也到金水橋上去釣魚，魚沒釣到，翠綸誘餌反都隨浪漂失了，又一個拍馬屁的臣子報告說：「凡魚不敢朝天子，萬歲君王只釣龍！」帝心又大悅。馬屁經千年都管用，兩個臣子皆升了官，詩句也傳誦一時，仔細想想，馬屁又何嘗不是香餌魚鉤，臣子想馬屁釣皇帝，才真是釣龍上鉤呢！

如果我們反過來，不從釣者的身分去想魚，不只想魚的收穫量，而從魚的身分來看釣鉤，便悚然覺察殺機四伏了！人生也像魚入江湖，五湖明月雖好，何處沒有香餌金鉤？且聽那鉤者在舟子裡快樂地吟唱：「但得五潮明月在，何愁無處下金鉤！」如果我們是魚，即使深隱潭底，也禁不起垂絲千尺，餌香陣陣呀！

美酒、美女、財富、權位、名聲，一切可豔可羨的東西，哪一樣不是人生的釣鉤呢？魚為了舌頭而忘了身體，愚蠢好像很容易被判識，但為了美名高位而忘了身體的人，卻不易被判識。

當別人給你一個高職位，你若要去找人商量：「該擔任還是不該擔任？」與人商量就是魚鉤在嘴裡放不下，有一股催迫自己出任的壓力了。當別人送你一份橫財，你若要私心忖度再三：「該接受還是不該接受？」也就是魚鉤在嘴裡不肯爽快吐掉，有一股催迫自己接受的壓力了！其實「辭受出處」都該自作主張，斷之於心，別人的意見，往往以世俗看法居多，都只想到上鉤後的榮貴顯赫，誰會替你感受那脫鉤後急流湧退的快樂呢？所以對於一切魚鉤的回避，連父母妻子都感受不到直接的危機壓力，必須仰仗自己的定見，不然，誰都會勸你上鉤去的。

一上魚鉤，唉，「上鉤容易脫鉤難」，原本寬大的世界、深深的煙波、自由自在的來去，都給米粒般大小的香餌給出賣斷送了。

當然，人生的五湖明月，雖處處有香餌金鉤，但也不必過分悲觀，夾山禪師便教我們一個「離鉤三寸」的妙方，只須牢記「離鉤三寸」，就可以安享五湖寬闊的風光！

離鉤三寸，立身就有餘地，終日優游自得，我想起三句詩來，或許可與禪師的妙理相印證吧？

「但休爭要路，不必入深山」——只要不貪求榮華，自然也不必遯入深山，世上的好東西，讓由別人去爭奪，去廝殺吧。

「無競以遊世，方知六宇寬」——黏在一塊比賽這比賽那，世路就太狹窄了。

「湧退偏能在急流」——記住：脫鉤的魚，游的江海才最廣最深。

浴盆的聯想

當我在浴盆裡洗澡，我就在想，即使放空了滿盆的水，我仍不能站在水盆裡舉起空水盆來，非但我不能，即使天下最強的大力士，也舉不起自己坐在裡面的浴盆。

難怪一位婚事專欄作家，分析別人的男女關係，搔緊癢處，頭頭是道，極令有婚姻困擾者佩服，但最令他頭大的是自己竟傳出婚變困擾，勢必連他的婚姻觀也為之動搖，其實婚變遭遇並不能否定他對婚姻的妙解，只因為他自己一時也被請進水盆裡，即使水盆再輕，也不可能有提得起的一天。必須等待婚姻觸礁事罷，冷靜客觀地站到盆外再來舉盆，就像加拿大心理學家茉莉仙一樣，反能將男女雙方的感情世界探討得特別深刻。

因此一個信誓旦旦，要求士兵與城共存亡的將軍，自己卻於開戰前開溜；一個寫老人與海，強調人性堅忍不拔的小說家，自己卻去自殺，既不是笑話，也不是不可解的謎，仍合乎人性的。因為美善的號召容易，一旦加入自己，就變得萬分困難，必須是個「置個人生死於度外」的超我才有資格討論自我，不超乎浴盆之外，誰能舉起浴盆呢？但是誰又能天天扮演超我呢？

依此聯想開去，一個高喊「解放婦女，為自己而活」的女人，通常有著最不快樂的婚姻。時時忠告自己「做一個屬於你自己的人」，通常是生活最無固有目標的人。人若是放不下自己，就像蹲在浴盆裡，聲嘶力竭地想把浴盆舉起來呀。

於是我明白「自我」常常是一切美善道理的剋星，而追求「自我肯定」乃是一切解不開痛苦的源頭。「自我肯定」在今天已成為追求幸福、得到滿足的代義詞，但一番成就收穫時，只帶來短暫的一陣「自我肯定」，過不了幾天，已有的不再稀奇，滿足感早不存在，再度燃起「重獲肯定」的烈焰，一番比一番強烈，一番比一番胃口更大，必須不斷地將自我逼向鞭策與渴望之中。

然而人生本來是有缺陷有限度的，如何能允許你熱中的自我無限地擴張？人生本來是變化無常的，禍福相依的，如何能允許幸福常駐、青春常駐？人生本來是與眾生共處的，如何能允許你一直以「自我」的利益作為行動的依歸呢？追求自我肯定永無止境的人，結果是在惟恐不再被肯定的緊張之中，將自己逼瘋，現代人的痛苦不正由此而生嗎？

佛家為了解決這個痛苦，主張勘破「我相」的虛妄，教導人捨棄虛妄的自我，而不是執著肯定自我，心的本來面目是無所住的，教人認清楚唯有先脫出浴盆，才能舉起浴盆，不然便是永遠解不開的愚癡。而道家為了解決這個痛苦，主張「超乎物者可與應物」、「超世斯可與論世」，要用比天下更大的視野來看天下，用神全而無累於物欲的心來面對萬事萬物，也就是先要站到浴盆之外，超然於浴盆，才能談舉起浴盆的事，不就像自身站到黑白之外，才有資格去分辨黑白；自身站到濃豔之外，才能認識真正本來的面目麼？

原載82．12．12《聯合報》

編者注

聯想，可以是相近聯想，也可以是相反的聯想。黃永武教授的〈三聯想〉卻是生命哲理的聯想，深入體會，可以受益無窮。

以「油條的聯想」而言，油條，台灣話叫「油灼檜」，表達了南宋以後人民對秦檜的痛恨，但「歷史是一座視野開闊的旋轉廳」，時至今日，主和的秦檜可能又重新抬頭挺胸了，「直航議和，交流務實」，不都是秦檜「以談判代替對抗」的策略嗎？可見，看歷史不能僵化，行事不能僵化，而忠奸之辨，顯然也不在主戰主和的策略不同，而是為大義為小利的抉擇了。

如「釣鉤的聯想」告訴我們：斷然拒絕誘惑！名利、富貴、一時的安逸、享樂，都應該斷然拒絕，否則，「原本寬大的世界、深深的煙波、自由自在的來去，都給米粒般大小的香餌給出賣斷送了。」

而「浴盆的聯想」則更有趣了！不超乎浴盆之外，誰能舉起浴盆呢？道理是這樣簡單，我們一想就了解，因此，我們必須學會超乎自己之外來審視自我，要用比天下更大的視野來看天下，至少，不管發生任何事情，我們都能跳出窄小的視野，能以更開闊的心來理解原由，這才是金光閃閃一顆心。

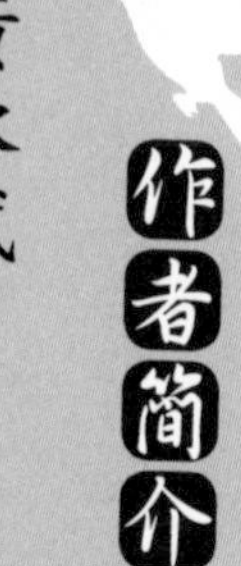

作者簡介

黃永武

曾任國立中興大學、成功大學等校教授、主任、院長，為國內古典文學研究之重鎮。著作豐富，除學術專著與編纂外，有《字句鍛鍊法》及詩學評鑑等多種名著行世，散文隨筆《愛廬小品》、《生活美學》等廣受注目，曾獲國家文藝獎等各種榮譽，屢為國內外教科書選作教材。

你無可選擇？

◎余德慧

記得米蘭．昆德拉意味深長的一句話：「在歷史的文字中，只要聞到一絲的煙硝味，那一定是戰火轟隆的慘事正在進行。」而讀香港大學何冠彪的《明清之際生死難易說探討》，淡淡的說生說死，卻也給予我那「哀鴻遍野」的哭嚎。

何文談的是明亡之際，許多明朝的臣民面對死亡的聲音與話語。在朝代更換之際，有人為保氣節而必須自殺；有人被活捉，面臨死刑。這是人類最慘烈的處境，而在這處境之下的話語，絕不是旁觀的人說的風涼話，而是貼著激烈跳動的心說出的智慧，正所謂「在事後當然容易說些後見之明的話，在事前當然容易說誇口的話，真正難的就是在面臨生死的當兒。」（注）這句話點出「臨事之難」——任何話語，不在「臨事」時都只能說是「風涼話」。

這個「處難」正說明了人類在安逸之時的話語，往往只是虛矯與兒戲之語。所謂「存一必死之志，則雖刀鋸在前，鼎鑊在後，處之泰然」之類的話，並不是常態，反而是「人非木石能無淚，事到存亡特貳心」的猶豫之難，才是人性。

明末大學士瞿式耜是知名的忠烈之人，當他與兵部侍郎張同敞在桂林城破後，被清兵處死。當兩人被關在牢裡等死，式耜因為家中有妻兒老母，心中有如千刀，而同敞則沒有家累，孤身待死。式耜幾次夢迴家園，心頭苦得差點向清兵求降。「有君親在，孤忠恐易論」，式耜的心頭來來去去，不知有多少牽掛。

馬世奇則是明末眾臣中相當有決斷能力的人，他的「誓與明亡」的決心亦是堅毅，可是當他命令兩位小妾自盡，見伊人啼哭，心中也是亂如麻，只好「引繯」自殺先死。

最難的時候並不是在死前的時刻，而是在人還有反思的時候。式耜在行刑決定之後，心情反而輕鬆，有著從容待死的豪氣，可是在刑期未定之時，各種「惡劣思緒」卻十分雜沓。同囚的張同敞是式耜的學生，並沒有老師的那份鎮定，只是惶恐異常，後來刑期定了，心頭也篤定下來。

「生」，是人最參不透的戀情，罵人「貪生怕死」是最大的無情。人並不是憑藉什麼理由活下去，也不是憑藉「有用之身」活下去，只是想活下去。可是，好像還有更大的力量讓人活不下去。表面上說是為了忠貞、名節，但是實際逼人尋求死亡的卻可能是「衝動」。

衝動的另一個意思是「激烈」，也就是「以剛強的怒氣求死」這並不是時間的遲速問題，而是人對生機的立即折斷。

人的「從容就義」只是指臨刑的那一時刻，而不是等待的從容。這樣的說法，好像在否認蘇格拉底或古聖先賢的「義理觀」，不認為單獨的理念就可以使人甘心自己。在下這樣的判斷之前，我當然十分猶豫，但我最後還是捨棄「理念論」。

首先，我注意到描述蘇格拉底之死的柏拉圖，或者其他的記述者，原本就是崇尚理念至上的人，循著他們的眼睛描述的「從容」，必然也以義理觀之，不足為循。其次，我深信「只是想活下去」是生命中最強大的意志，「理知」的力量與之相較，仍然十分薄弱。

理知只是用來「明白某事」，但「明白」與「下手去做」之間，有極複雜曲折的關係，不能用簡單的推論帶過。何況，有許多「被明白的理」並不是被教的，而是從日常行事中產生的「心知肚明」，用整個感覺去明白的。就如同吳偉業（一六〇七—一六七二）在《鹿樵紀聞》中提到史可法的死，說道：「以我看來，忠孝實根至性，非一時所能勉強的。」如果為忠為孝而能死，那一定是在人的至性根柢裡。這個根柢，就只有向中國人的「氣節」下手去尋了。

「氣節」必須深深地存在文化生活裡，它不能被文字定義之後存活下來，而是從整個生活的意義來體會。當人依著氣節而開始把自己擲向死亡的處境時，氣節變成生命最沉重的負擔，而死剛好是擺脫負擔的捷徑。

氣節會在自己所盡忠的世界破滅之後，成為生命的負擔，成為活不下去的「感覺」，那麼在他所盡忠的世界裡，氣節一定是他生命活著的根柢，也就是說，在他的朝代還沒有破滅的時候，他一定以一種不自覺的「氣節」生活著，這「氣節」與他立身的世界，根本就是同一個世界；換句話說，他活在「朝代裡頭」。

於是，我們被引到一個龐大的「朝代生活」。並不是說「朝代生活」就是「氣節」的整個背景，而是一個人以浸淫在「朝代」裡，而得到生命的憑依，顯然是以「朝代」為他存在的根本之處，他與「朝代」之間沒有距離。

也正因如此，在還沒有國破的昇平時光，他不必把國事「念念在茲」，甚至相反的，他隨著昇平的日子享受美酒歌舞，宴客吟詩；他並不是每天坐在朝廷殿上論談國事，也不是坐在書房裡憂國憂民，更不端坐蒲團上勤練「氣節」。他的日子就是「朝代」的日子。當國家破亡，他的生活亦告破亡，因為他與「朝代」之間沒有距離。

對投降的人來說，他是脫離「朝代」而知有所選擇的。當個人在「朝代」之間能夠「出入」，他反而不是「活在朝代裡」，他審度時勢，知「可為」與「不可為」之差別；投靠那一個朝代並不是生命的抉擇，而是在遠距離之處，注視著朝代的更迭。

他並不是「生活在朝代裡」，而是把自己與朝代之間用某種審度的眼光做居間判斷；當昇平的時候，他可以依著昇平的日子過生活，但那絕不是「朝代生活」，他並不是頂認真的為國歡慶。同樣的，國難之際，他也會試圖「救難」，只是在國破之後，他轉了向，投向新朝——他還是有自己的日子要過，所以他的投靠，依舊只是在處理他自己與新朝代之間的關係。果然如此，他的生活一定很不快樂，他沒有「在家」的感覺。

「朝代的生活」是家國的生活。有人說，生活可以離群索居，不必理會政治朝綱，這恰好是認識的錯誤。躲入山中的伯箕正是為了政治的理由，終南山的隱士們也是在政治的氣候下，才顯現他們「隱士」的意義，即使是對政治漠不關心，亦不能說他沒有活在政治裡頭。

家國的生活就如同氣候，活著的人必定在氣候中生活，在家國生活著，這就是根本意義的「在家裡」；把生命擺在「家裡」，就是安身立命。

以朝代為家國，並不一定需要氣節。氣節是對家國的完全承諾，也是用生命去承擔，並且無可選擇，也不能談「為國殉節的有益或無益」。

何冠彪提到，當明朝覆亡之時，明朝遺民最大的危機感是，滿清的入主會帶來華夏文化的滅亡。雖然歷史說明並非如此，但是明朝遺民卻如此的相信，那是「家破」的心情所發出的相信。因此，氣節是為了要維護「家國」的堅韌之心，在「家破」之時，就顯示其「玉石俱毀」的心思。

氣節所造就的堅硬，在這些殉節的士大夫心中，意味著「無可選擇」。「無可選擇」是把人置身在黑暗的洞穴裡頭哭泣。在「無可選擇」之前，人用他以為的一切當作亮光，而「無可選擇」是所有的亮光一齊熄滅；沒有了亮光，人就看不見他的「道路」，以為他的世界已消弭在黑暗裡。

所謂「氣節」就是有這般的完全性——倚恃著的終身伴侶，以為是自己擁有的名銜財富，以為自己擁有的江山。這種種人生的一切，構成了我們「完全的整個世界」。一旦我們踏入了這麼「以為的完全世界」，我們就有了氣節，亡國的士大夫也好，亡夫的寡婦也好，失去戀人的傷心人也好，只要在「完滿」的時候有完全的喜悅，就預先設下了「氣節」的生活，為之生，也為之死。

在死亡之前，人總是在黑暗的洞穴裡哭泣著。

注：引自投降流寇的明朝翰林周鍾的話：「事後易為智，事前易為功，所難者獨在臨事時耳。」

原載83．1《張老師月刊》

編者注

余德慧教授可以說是《張老師月刊》的靈魂人物，他以心理學家的腦、哲學家的心、文學家的手，完成一篇又一篇的生命故事，他的友人說「他在意的是自己是否真正尊重生命，體悟生命，是否在生命之前謙卑自省。」（參見《張老師月刊》一九三期）。

當我們面對「生死」關頭的時候，我們會有什麼樣的意念？什麼樣的意志？「死亡學」的探討已經在台灣成為大家關心的話題，尤其是北一女中兩位資優生的自殺消息更是震撼了全國，因此，我們特別撰刊余教授的〈你無可選擇？〉喚醒青少年朋友嚴肅思考生與死的意義。

此文中，余教授說：「我深信『只是想活下去』是生命中最強大的意志。」不能活下去，也旅無所謂生命的意義了。

這篇文章中也提到「氣節」，「氣節是對家國的完全承諾，也是用生命去承擔，並且無可選擇。」這是對家國的巨大的愛，尤其顯現在改朝換代之際。除此之外，生命可以有很多選擇的。

讀此文，我們要學會余教授的「尊重生命」，「在生命之前謙卑自省」。

作者簡介

余德慧

一九五一年生，台灣屏東人。二〇〇六年八月自東華大學退休，轉任慈濟大學宗教與文化研究所。著有《詮釋現象心理學》、《生死學十四講》《台灣巫宗教的心靈療遇》、《臨終心理與陪伴研究》、《中國人的寬心之道》、《中國人的自我蛻變》、《男兒心事不輕彈》、《回首生機》、《情話色語》、《觀山觀雲觀生死》、《焦慮的自我控制訓練》等二十餘本作品，及心理學術論文二十餘篇。

金光閃閃一顆心

◎陳幸蕙

「半口井」傳奇

升國三那年暑假——

「才七月十號耶！」

你很不平地嚷著：

「學校就要我們升學班到學校去『課輔』！穿制服、背書包、帶便當之外，還不能隨便請假！結果，害爸媽每年暑假都帶我出國旅遊的計畫就這麼泡湯了！……。」

不過，為了彌補你的「損失」，親愛的男孩，你說，你爸媽還是利用學校被借為考場的那幾天，帶你到日月潭玩了一趟，回程時更順道去鹿港轉了一圈。

「總算聊勝於無！」你說：

「不然，虧死了！」

而我猜想，那次的鹿港之遊，你一定玩得很開心吧！

因為事隔多日，你還津津樂道地一再提起鹿港的海鮮小吃、鹿港的龍山寺，以及鹿港天后宮中人稱「湄州媽」的媽祖神像，是如何由於香火鼎盛，竟從原來的粉紅面，轉為今日黑黑莊嚴的「香菸面」的……。

但是，當我問你是否見到了傳說中有名的「半口井」時，你卻搖頭說沒有。

其實，我也不曾見過所謂的「半口井」。

關於鹿港「半口井」的傳說，是一位熟悉民間掌故的長輩告訴我的。

據這位長輩描述——鹿港以往的富貴人家，由於體恤窮人無力鑿井，因此往往就在自家挖井時，刻意將井掘在牆邊，讓一口圓井，一半在牆內，一半在牆外，以便窮苦人家可以隨時至牆邊打水飲用，於是便形成了「半口井」的特殊景觀。

初聽這樣的掌故時，我的心曾有一種輕微地被撞了一下的感覺。

我曾見過圓形、六角形、八卦形、方形，甚至菱形的井，但卻還沒見過、甚至聽過井是半圓形的呢！

而一口井，所以呈開放的半圓形，不是基於美學上的新奇設計，卻是為了人道上的特殊考慮！

於是就在這麼一個平凡無奇的半圓構想上，我們看見了人無私、分享、將心比心、為別人設想的善意與溫暖。

我相信，那必是非常動人的一個半圓、非常美麗的一口井吧！

所以，如果有一天去鹿港，除了那有名的海產小吃、龍山寺、供奉黑面媽祖的天后宮之外，我想，我也一定要去尋訪這傳奇的「半口井」。

親愛的男孩，看來你的「鹿港作業」好像也還沒有全部做完呢！

明年夏天，等你考上學校，讓我們再去一次鹿港——

去找找「半口井」還在不在？

去想像牆外人打水時的感恩、牆內人奉獻半井水的誠懇，去見證人性中的溫暖，好嗎？

金光閃閃的一顆心

多雨的三月，經過街角那家常去的7-11時，我看見透亮的玻璃門內，貼著一張色調灰暗的海報。

海報上，一個臉上停著好幾隻蒼蠅的非洲婦女，正緊擁她那奄奄一息、肋骨根根可數的孩子，露出絕望的表情。

旁邊一行醒目的紅字——

不是救濟，是救命！

則提醒了過往行人，這是世界展望會「飢餓三十」的募款活動，只要捐出十塊錢，每個人都可以救非洲飢民一條人命！

而為了方便一般民眾行如此的「隨手功德」，所以7-11櫃台附設了募款箱，供人行善。

我想起不久前，一位朋友打電話給我，曾偶然提起她在一家7-11捐款箱中，發現一枚金戒指的事——

「櫃台小姐說，那是一位家庭主婦為了捐款，當場取下來丟進去的！」

我不免想像那樣一枚小小的圓形金環，躺在捐款箱底——

也許，它曾是那個女人定情的信物，

也許，是她少女時代母親贈送的紀念，

或者，也許只是她參加什麼飲料拉環大贈送的頭獎贈品！

但，不管怎麼說，為了一群等待救援的飢餓者，這女子毫不考慮地取下她心愛的首飾，慷慨一擲，就像古時俠客的拔劍相贈，豪氣干雲！

——這小小金戒自指間摘下的一瞬，何等令人動容！

於是，即使不買任何東西，還是信步走進了7-11，為的只是想看看櫃台上那只簡單的捐款箱。

然後，在彌漫著一股暖意與茶葉蛋香的店裡，我看見收銀機旁，那透明的方形小錢箱內，散落著零星銅板；其上，則鬆鬆堆疊一些紙鈔，多半是面額五十或百元的新台幣，其中還夾雜一張千元大鈔！

雖然沒有金戒指，但我仍然很高興！

記得經濟學者高希均教授曾說：

「台灣社會最大的危機，便是人的冷漠！」

我們經常深有同感！

但，就在街頭巷尾隨處可見的7-11所附設的這些捐款箱內，我們卻也看見了這社會仍然有著毫不冷漠的一面！

那天，在7-11流連，我終於還是買了一盒高纖蘇打。找零的錢，則比照那些善心人士的作法，投進了玻璃箱……。

往後的日子裡，我仍不時想像那枚黃澄澄的戒指，躺在捐款箱底的樣子——

安靜、美麗，宛如一座小小的寶藏。

那不只是金光閃閃的一枚戒指，我想——

那是金光閃閃的一顆心！

穿「台南女中」制服的安徽老嫗

考上高中的那個暑假，親愛的女孩，你說你媽媽為了「犒賞」你「寒窗三年」的辛勞，於是便利用和外婆赴大陸探親之便，帶你到南京、上海、杭州、黃山走了一趟。

問你這一趟大陸之行，印象最深刻的事是什麼時，你先是不勝感慨地說：

「很多啦！」

繼則又從上海的外灘、南京夫子廟的小吃、杭州張小泉的剪刀，說到黃山的奇松怪石，等等。

忽然，你彷彿想起什麼稀世珍聞似地大聲嚷嚷起來：

「我在安徽鄉下，看見一個老太婆竟然穿著一件『台南女中』的制服耶！」細問之下，原來去年安徽發生嚴重水患，台灣慈善團體曾運了一批米糧衣物到災區賑災，光是民間的「佛教舊衣回收中心」，就送了十個貨櫃的舊衣前往災區！那位老婦既是災民之一，透過如此的捐贈管道，自然就擁有了一件繡著「台南女中」字樣的制服了。

看似有趣的事件背後，其實卻隱藏著令人心酸的背景！你的敘述，不免使我想起不久前，另一則關於舊衣的報導：一位旅居台灣的美國人，自稱沒有衣服可穿，因為看見有人把舊衣丟進街頭的舊衣收集車內，以為是免費的舊衣供應中心，便自行取出穿上，沒想到卻被警方以偷竊罪予以逮捕。

——這兩個關於舊衣的故事，都令人感慨！我們丟棄不用的衣服，卻是別人生活中的必需，是他們求之不得的新裝！

而在民生富裕的台灣，當我們每人每天的GNP（注）高達二十四美元時，這世界上卻有一半以上的人，每人每天的GNP不到一美元。

貧窮，其實是多數人的事。

是許多人一生下來就必須面對、且持續一輩子的苦難！

從這樣的角度出發，那麼，所謂惜福、知足，便不再是口號，而應是值得我們認真去思考的一個課題了。

常想，那位因拿了幾件別人不要的舊衣而被逮捕的美國人，現在不知怎麼了？還有，「台南女中」的制服，穿在安徽老嫗的身上，還合身嗎？她喜歡它嗎？……

——有舊衣可以如此捐贈、拋棄，我們都算是有餘之人。

惜福之外，或許我們還可以考慮，更進一步帶出溫暖的關懷行動吧！

啊，穿「台南女中」校服的安徽老嫗，何其令人深思！

注：GNP即Gross National Product，是國民生產總額之意。國家人民每人每天的GNP達二十美元，即屬高所得，低於一．七美元，即為貧窮。台灣在民國九十八年每人每天的GNP已高達四十七美元。

編者注

陳幸蕙女士很有計畫地寫作《青少年的四個大夢》，對於青少年求學、讀書、戀愛、修養等各方面，提出親切、和婉、懇摯的建議，甚得一般青少年的支持與喜愛。

〈金光閃閃一顆心〉這組散文，一共有三篇短章，都道出人性光明的善良之心。在汙濁的今日社會，不啻是一股清流，讓我們對人性、對未來仍存著一股希望，暖暖流過心口。

「半口井」傳奇中，講的是鹿港先人體恤窮人鑿井不易，將井鄰牆而鑿，一半在牆內，一半在牆外，牆內自飲，牆外則任人汲取，這樣的仁心令人感念。「金光閃閃的一顆心」則寫世界展望會「飢餓三十」募款活動中，台灣同胞並不冷漠的捐輸活動，很可能是具有紀念價值的一枚戒指，也毅然脫下，投入捐款箱中，那是「金光閃閃的一顆心」。心，永遠有愛、有熱

原載83·1·1《明道文藝》

忱，永遠為別人設想。

因此，在大陸看到穿「台南女中」制服的老嫗，也就不足為奇了。在台灣，我們父兄的努力，創造了台灣經濟奇蹟，未來，青少年朋友這一代的努力，是否更能為台灣鞏固經濟成就，創造新的文化水平，道德光芒？我相信這是陳幸蕙女士寫作《青少年的四個大夢》最終極的期許吧！

作者簡介

陳幸蕙

一九五三年生，漢口市人。台灣大學中文研究所碩士。曾任教北一女、清大中語系，現專事寫作。榮獲梁實秋文學獎、《中國時報》文學獎、《中央日報》文學獎等，十大傑出女青年，作品選入國中國文課本。著有《以一整座銀杏林相贈》、《悅讀余光中．詩卷》等三十餘種。

你為什麼要傷害我？

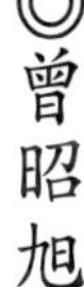

在愛情的世界裡，有一樁普遍的無奈與困惑，就是：為什麼傷害我們最深的，往往就是我們的情人？真的，愛情的最大弔詭，就是你完全不知道在你眼前的，到底是情人還是仇人。所以，歡喜冤家、恩怨情仇，總是難以避免地會牽纏在一起，而構成愛情世界裡最尋常慣見的現象。

那麼，我們到底有沒有什麼辦法避免這宿命似的牽纏，讓情人僅帶給我們歡愉，而不致忽然翻臉變質為仇人呢？

是敵人還是情人？

在此，我們首先得澄清一個觀念，就是：並不是情人在本質上就蘊涵了傷人的因子。基於「情人」的本質與定義，情人理當是只會愛我們而不會傷害我們的。那麼，所謂「被情人所傷」，其語意便應當作如下的分析：

其一，是我們根本誤認其人為情人，而不知他其實不是情人，而是敵人。所以他才會傷害我，而我也要到被他所傷之後，才憬悟原來是我把他認錯了。

其二，則是基於生命的無憑（或說不確定性），我們在常態下的情人，偶然也會喪失愛我的能力乃至意願，遂在脆弱紊亂失控的情況中傷了我。這則可以說在這偶然的情況中，他實質上並不真是我的情人，或說他已暫時喪失了作我情人的身分而暫改變為我的仇人，所以他才會口不擇言、身不擇行，而傷害了我。等他這失控的異常狀況過去而恢復為常態之後，他還是愛我的，這時的他才是我的情人。所以，當情人們爭吵之後，往往會後悔不已，極力辯說當時所作所為所說，都不是他的本意。原來，他本質上還是愛我的情人，只是不免偶爾失常罷了！因此，如果我們只承認在正常情況下的他才是我們的情人，那麼，情人還是不會傷害我們的。那偶然失常的所謂傷害，其實並不是真的傷害，而值得我們加以原諒。

當然，這由失常而來的疑似傷害，還是應當極力避免，不免發生了，也要以極誠懇的道歉去試圖消解；否則也難保不弄假成真。至於前一重因錯認敵人為情人而招致的傷害，則更應該徹底避免。那麼，要怎樣避免呢？這就是本文所欲探討的課題了。

朋友的善意情誼

在此，我想設計一個人我關係的轉換理論，來幫助說明人為何會誤認敵人為情人？以及，當情人暫時喪失愛人能力之時，我們當如何自處。

對人際關係的由疏到親，我們不妨暫列為三階段，就是：陌生人或敵人、朋友、情人。這三者當然各有其關係的本質，要過渡到下一階段也須得越過一個必要關卡。如此各各明辨，各種關係才不致混同誤認。

那麼，各階段的關係有什麼本質要素，而階段間又有何本質差異呢？

首先，在陌生人（或敵人）與朋友之間，其最重要的區別就是彼此間有沒有善意。有善意才能算朋友，如果沒有善意，那麼原則上是不必交往的，那就是毫無關係的陌生人。這時如果需要某種非關私情的接觸（例如業務上的交往），就應該遵從相關的遊戲規則（如法律、契約）而構成諸如上司——部屬、雇主——勞工、業主——客戶等等關係，但這些關係都是因公共領域中的業務而生，因業務結束而滅，彼此就個人身分而言，本質上仍是陌生人，不必有什麼善意，甚至有惡意也無妨；只要你遵守遊戲規則。因此在業務之外，仍不必有任何交往。

如果沒有善意（乃至相反的有惡意）而有業務外（也就是遊戲規則外）的交往，那就會出現人際關係上的負面效應，其一是無聊與厭煩（因為不具積極的善意），其二是鬥爭與傷害（因為不止無善意，更有惡意，這就更不止是陌生人而是敵人仇人了）。

生命相搏的敵人本質

所以，陌生人的本質便可以如此釐訂：彼此並無善意，也無須交往。敵人的本質則是：彼此並無善意卻有生命對生命的直接交往（所謂「肉搏」）。失去了遊戲規則、安全管道的保護，當然就會構成傷害，成為仇家了。

至於朋友的本質呢？則是：彼此具有基本善意，並從而發展出一些優美的交往管道來傳達彼此的善意，結果則是，彼此都能感受到友誼的溫暖之感。用曾子的話來說，就是「君子以文會友，以友輔仁」。

當然，所謂優美的管道（文），是指能有效傳達善意的管道，所以一起酒食徵逐、賭博漁色是不算的，那些所謂朋友，一到利害關頭就反目成仇了。只有通過有客觀意義的人文活動，如以學會友、以樂會友、以球會友等等，能有效促進朋友間的感情，而維持朋友關係的穩定。像這種由文而生的感情便稱為「道義感情」。道義感情因為有道可循，所以可求而得；又因為有道為中介，使彼此的生命不必直接照面，所以也安全可靠。

但這樣的感情卻也有它的限制與遺憾，那就是彼此的生命間總不免有距離、有隔閡；感情也不免固定在一個特定的形式與管道之中。於是我們會願望至少跟一個人突破這種限制，去體驗一種更深刻的感情形態，那就是愛情。

生命相融的浪漫情懷

於是，我們便可以據此釐定情人關係的性質，那就是：彼此間當然仍是具有善意的，但善意的傳達卻不要經由一些特定的管道（文），而願望全面開放，經由每一眼前出現的管道去進入對方的生命。這可以理解為要通過任何管道，也可以理解為不必藉助於任何管道，而讓彼此的生命直接照面，而且相融為一體。

經由這樣的方式（或說「無方式」）而引發、而傳達、而圓成的善意與感情，便和朋友間那種道義感情不同了，這則可以特稱為生命感情，而愛情無疑就是其中最具代表性的一種（他如赤誠相見的肝膽之交也屬此）。

否則，釐定了這三階段人際關係的性質之後，我們便可以情人關係為主體，來比較它和朋友關係、仇人關係的異同了。

情人與朋友的相同處，也就是它們共同與敵人、陌生人相異之處，在這兩種關係都是具有善意的，能帶給我們感情上的溫暖愉悅。但它們的不同處，則在於朋友間是有距離的，因為彼此間隔了一個道，所以雖安全卻也欠親密；而情人間則是沒有距離的，因為彼此是生命直接照面，所以可能達成兩位一體的境界，但也同樣蘊涵著缺乏緩衝的危險。而僅就此一點而言，情人關係竟然是更接近敵人仇人的。

乃因敵人仇人間的關係特點，也是生命直接相遇，毫無隔離與緩衝。當然，敵人、仇人與情人還是有本質上的巨大差異，那就是情人間有善意而敵人仇人間沒有。所以同樣是生命直接照面，前者會引發生命相融的浪漫愉悅，後者則會導致互相併吞的慘烈。

以友誼驗證真實情愛

藉著以上的理論設計與解說，我們便可以試著來解釋，為什麼情人會傷害我們更深的疑惑了。

先就第一類情況——也就是誤認敵人為情人——來說，其受傷的根本原因在於未曾查證對方是否具有善意，就已先被彼此接觸時那疑似於情人的形貌所迷惑。

這疑似的形貌當然就是指「生命不經由特定的管道，而直接照面」。尤其當我們厭倦於長期刻板反覆的都市生活之後，內心深處是油然渴望能甩掉這些文明框框，讓塵封已久的生命能釋放出來，去體驗一下無拘無束的浪漫。這就是為什麼愛情總容易在旅行時，在陌生的環境、異國的情調裡發生，就因拋掉了熟悉而僵化的習慣框框，會有一種生命裸露在天地之間的新鮮感、興奮感、好奇感。這就是所謂「浪漫的氣氛」。

當然不一定要旅行，到酒館小酌兩杯雞尾酒，聽聽悠揚的音樂，乃至做一點小小的驚世駭俗的事，也會有一種生命釋放的快感，而引發人一時的浪漫情緒。這時，如果適時遇到一個人可以剛好納入這浪漫氣氛之中，彼此暫時鬆弛了緊張的生命而開懷相對，便很可能誤把這浪漫的氣氛與情懷當作愛情了。

但依我們前文的分析，單純的生命直接相對並不就等於愛情，情人關係還有另一個更本質的要素，就是善意。一個在浪漫氣氛中暫時被釋放的生命，未必就對你具有積極的善意，換言之，他未必就愛你（其實你也未必就愛他）。雖然在輕鬆的心情中也未必有惡意，這使得短暫的歡愉未嘗不留下一點美感。但如果以為這就是愛情而加以認定與延續，等彼此從那浪漫的氣氛與心境中回到現實，也許就會逐漸暴露出原來暫時隱藏的自私乃至惡意，而令情人失望受傷了。

當然，在浪漫氣氛中相遇的人並非一定沒有善意，重要的是他對我有沒有善意（乃至我對他到底有愛沒愛？）須加以查證。有，才能構成真實的情人關係，否則就只能算是一場偶然的綺夢，而毋須放在心上。

那麼怎樣查證呢？就是須通過朋友的形態來驗證。因為朋友的形態（以文會友）是有客觀保證的（以友輔仁）。原來從陌生人到情人，不能一步跳過，中間必須按部就班，先經過友誼階級，才能圓成愛情的本質，也就是「有善意的生命直接照面」。

當然，這就得要靠我們願意暫時離開那浪漫感人的境地，不貪戀那一時之歡，而認真在一個距離之外嘗試彼此以禮相待。否則，不耐煩瑣而直接跳越，是難保不誤認愛情而陷於受傷之厄的。

理性守護受傷的愛情

其次，就第二類情況——也就是當情人暫時喪失愛人能力的時候——來說，其受傷的原因在不能及時察知情人的生命實況，或者即使察知，也不知道如何處置。遂在對方失控出手之時，無從閃避而被對方所誤傷了。

那麼要如何及時察知呢？首先就是須時時提醒自己，記得生命與愛情的無保證性（或說不確定性）。所有以為自己的愛情與婚姻已然穩定，絕無危險的心態，正是愛情的最大殺手。原來愛情只能存活在永恆的活性之中，這樣生命在開放之中，才能保持心靈的高度敏感，時時察知自己以及對方生命的存在實況，而及時給予回應。這樣，對方生命在歡暢之時我們固然能即時分享，對方生命在困厄的時候，我們也能有效分擔。這才是愛情落入現實生活之後所應有的辯證風貌。

不過，在及時察知對方的生命實況是已經暫時喪失愛的能力乃至意願之後，我們應當如何處理呢？

這時，我們的根本心情當然仍是愛他，仍是不能失去善意，否則兩個人都失去善意，就真會掉到原始叢林而成為互相殺戮的敵人仇人了。許多雙方都失控的夫妻所以會吵架打架、殺妻閹夫，不都是由此而來的嗎？

不過雖然不失善意，卻也不該和他毫無屏障地赤誠相對了，因為若因此被對方所誤傷，也是陷對方於罪而大非愛情人之道啊！

那麼，怎樣才是恰當的處置呢？那就是仍只能暫時拉遠彼此的距離，讓彼此關係退回到朋友的階段以資保護。這就是所謂「愛之以德」，這時我們的心情雖仍是愛，卻是冷靜而理性的，能正確分辨是非對錯，而僅選擇對的去回應，不對的則加以保留。然後，通過這樣一種客觀的道義，不但保護了自己的生命免於被拖累而同淪於傷病，而且也會自然透露出一種由正義而來的匡正力量，以幫助對方有效穩住自己的失控，從而逐漸復原。

然後，等雙方生命都恢復正常，而都具有愛的意願與能力了，當然可以再度跨過朋友道義的拘限，重新以無距離的情人方式相待。

由以上兩種情況的分析，我們也許可以領悟到，朋友道義這一環，處於敵人仇人與情人之間，的確可以有效隔開二者的疑似，避免真假愛情的混同，也防止情人關係的失控淪落。原來理性雖然不是愛情的必要本質，卻是愛情在遇險時的守護神。然則修習愛情功能的情人們，又怎能不趁早多學學這一門功夫呢！

原載83．4《張老師月刊》

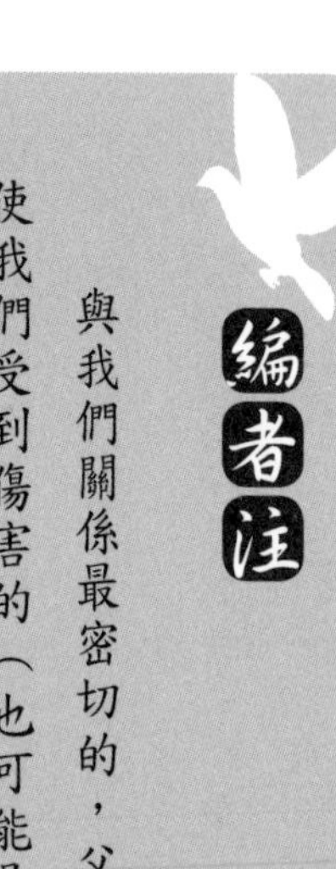

編者注

與我們關係最密切的，父母、兄弟姊妹、朋友、情人，但我們也發現，使我們受到傷害的（也可能是我們使他受到傷害的）也往往是他們。情最深，恩最重，為什麼傷害不可避免？

曾昭旭教授這篇文章〈你為什麼要傷害我？〉寫的是愛情世界裡情人之間的歡愉與傷害，如何避開那種不必要的傷害。我們在認識這篇文章的真義之後，其實也可以擴及到父母、兄弟與朋友身上。能與父母、兄弟、朋友相處而無傷害，將來與情人相處也可以免除傷害。

這篇文章的主要觀點在「以友誼驗證真實情愛」，也就是在跟情人相處不睦時，退回到「朋友道義」這一環，可以在這個環節上理性思考如何面對；同樣的，跟父母兄弟不睦時也可退回到「朋友道義」上暫時休養；與朋友不和時則退到「同學、同事、同鄉、同宗」上，「在一個距離之外嘗試彼此以禮相待」。

如何與人和睦相處，也是我們勵志時應該思考的問題。

作者簡介

曾昭旭

一九四三年生，廣東大埔人。台灣師範大學博士，曾任高雄師範學院國文研究所所長、中央大學中文系主任，現任淡江大學中文系教授。專長領域：中國義理學、生命哲學、愛情學。著有《曾昭旭的愛情教室》、《老子的生命智慧》、《借問成功真何價？》、《試開天眼看人生》、《論語的人格世界》、《儒學三書》、《不要相信愛情》、《解情書》、《永遠的浪漫愛》、《讓孔子教我們愛》、《我的美感體驗》等近四十部知名及暢銷著作。

哭哭笑笑話童謠

◎康原

小孩子的生活就是遊戲與學習，平常除了吃飯與睡覺，都在哭哭笑笑之間與夥伴活動。偶爾也會因爭玩具或一些雞毛蒜皮的小事，吵吵鬧鬧，如果吵架了，彼此之間就對罵，嘲笑對方。指責別人小氣時會說：「小氣鬼喝涼水，打破了缸，割破了嘴，討個老婆打斷腿。」或說：「小氣鬼，喝涼水，喝了涼水變魔鬼。」來諷刺對方的斤斤計較。如果，要人大嘴巴，有時，也會藉「伯勞鳥的嘴巴」諷刺著說：「伯勞母，嘴大大，有嘴講別人，沒嘴講自家。」來比喻只會指責別人的缺點，而不知道檢討自己，短短的四句話，徹徹底底地說出人類的通性與毛病。

在嘲諷歌的趣味中，我們介紹作曲家王耀錕所譜的曲子，王耀錕台灣彰化人，是五〇年代童謠作曲怪俠，精於數學、思考精密，對樂律相當有研究，七十三年從員林國中退休從商，就告別樂壇。第一首是「張大媽」，在描寫一位婦人，丟了一把新掃把，疑神疑鬼地罵著左鄰右舍，但鄰居知道，新掃把是婦人家中的小孩拿去打小狗阿花，所以，罵來罵去，都罵到自己，這首歌與台灣俗語所說：「害人不害己，害到自己死。」是同樣的諷刺效果，這首歌詞是「對門張大媽，丟了新掃把，先在房裡罵，左右鄰居不理他，疑神見鬼開門指著我家，媽媽對我說：千萬別答話，是他家的小傻瓜，拿去打阿花，罵來罵去還不是罵到她。」這首歌告訴一個小孩子一個道理，對於一些不講理、盲目的人，是不必去理會，有一種寓言的意味，歌詞押韻，唱起來相當成趣，諷刺味道也很濃厚。

其次，介紹一首「四兩油」，這首歌是描寫一位帶點傻氣的胡塗小孩，母親叫他去買東西，出門後把要買的東西給忘了，竟然自作聰明地說，母親給的錢「怎麼夠？」真是一位聰明的傻瓜，歌詞是「四兩油，半斤肉，十五塊錢剛剛夠，媽媽叫買的東西，一樣不許漏，小傻子，胡塗透，瞎胡謅，半兩油，四斤肉，十五塊錢，怎麼夠？」談完這首歌曲之後，小朋友該想一想，做事情不能胡裡胡塗，對於不太清楚的事情，也不能自作聰明地去做，否則會貽笑大方了。

我們知道，兒歌除了描寫平日生活情形之外，也可以用成語來改寫故事，有一位詩人林武憲先生，利用「井底之蛙」的成語，寫成有故事的〈井裡的小青蛙〉一詩，以兒歌的語言和形式，描寫出一個完整的事件，利用故事的情節吸引小朋友，啟發小朋友，來諷刺以管窺天的人，不知天有多大，其詩歌寫著：「一口古井裡，住了一隻小青蛙，除了睡覺吃東西，只會呱呱呱。小青蛙吃飽了，就拍著肚子說大話：哎呀！我的媽！這個小地方就是我的家。天，只有井口大；地，只有水一窪。過幾天，我長大，這世界會連我的肚子都裝不下。」多麼生動有趣的諷刺詩。講完這首故事詩歌後，我們再談談台灣這塊土地上，也流行許多嘲笑友伴的歌曲，非常逗趣，戲謔甚至諷刺的字句來調侃自己或揶揄別人，以滿足生活情趣。

至於台灣童謠，我們介紹崛起於六〇年代的作曲家施福珍先生所譜的「羞、羞、羞」，這首曾經風靡全省童子軍活動中的歌謠，可以說是家喻戶曉的童歌，是一首對唱式趣味而諷刺性的歌謠，歌詞是——

羞羞羞　提籃仔撿泥鰍
攏總撿二尾啦　攏總撿二尾
一尾煮來吃　嘖　嘖
一尾糊目睭（眼睛）
羞　羞羞羞

唱這首歌時，可以配合一些動作，用雙手的食指擦著自己的雙頰，扮演鬼臉，眼睛望著對方，示意諷刺友伴「不要臉」，然後，模擬提籃動作，以及撿泥鰍的動作。唱第三句時，用手把泥鰍丟進口中後發出「嘖、嘖」吃東西之聲，再用手糊著眼睛，表現出一種逗趣的動作。

另外有一首〈大胖呆〉的歌謠，是描寫胖子的拙笨，本來施福珍取名〈暗公獅〉，為了豐富童子軍活動的趣味，改歌名〈大胖呆〉，因當時演《雲州大儒俠》的布袋戲，這齣布袋戲中有一位「怪老子」講起一句漏風的口頭禪「甲擔（到此）你才知」，被孩子模仿學習，所以在歌詞結束前加上這句話，增加逗趣與幽默。

這首歌詞由傳統念謠：「土地公，白目眉，無人請，自己來。」及「大個呆，炒韭菜，燒燒一碗來，冷冷阮無愛。」兩首歌融編而成「暗公獅，哎唷，白目眉，無人請，你就自己來，來來大胖呆，卡緊炒韭菜，燒燒一碗來，冷冷阮無愛，嘿！大胖呆，炒韭菜，燒燒一碗來，冷冷阮無愛，大塊呆，甲擔你才知，甲擔你才知」。意思就是嘲笑一位長得胖胖又呆呆的孩子，喜歡跟著家人到別人家去做客吃喝，此種小跟班常常成為主人家裡小孩嘲弄的對象，說他不請自來，所以，用唱歌的來嘲諷。

再談一首〈愛哭神〉的兒歌，這首歌謠就是一群小孩，在戲逗一位正在哭的兒童，讓這位小孩破涕而笑。然後，當這個孩子由哭轉笑時，再戲謔他「粘治哭，粘治笑」（一會兒哭，一會兒笑），使這位小孩哭笑不得。歌詞為「粘治哭，粘治笑，後壁門仔伊多一頂轎，啊！愛哭神，吃飯配土豆仁。」本來這首歌，原歌詞為「粘治哭，粘治笑，後壁門仔一頂轎，扛去吃屎甲吃尿」，譜曲的施福珍先生，因感到後面這句歌詞不雅，所以，省略了，再從另外一首歌中，摘錄一句「愛哭神，吃飯配土豆仁」，使這首歌唱起來，更為優雅、好聽。

唱這首歌時，為了增加活潑、生動的氣氛，在「後壁門仔一頂轎」時，邊唱邊指手，在「啊！愛哭神，吃飯配土豆仁」這句詞時，用清唱，不需拍手伴奏。

嘲笑小孩愛哭的歌很多，比如有一首「新娘仔，新娘仔，不要哭，店阮厝吃中午，晚般車粘治到，一會兒到您家」，這種兒歌唱起來活潑、有趣，好唱又好學，只要我們留意，到處都可聽到這種兒歌。

雖然，我們透過嘲諷、逗趣的歌來嘲弄小孩，最主要仍是希望透過俏皮詞句，來引發兒童快樂的情緒，激發出小孩的榮譽感與責任心，希望兒童透過歌唱學到一些為人處世的道理。

原載83．4．23《自立早報》

康原先生近兩年來努力研究兒歌、童謠，希望透過台灣民間流傳的歌謠，記錄、保存台灣民間生活的記憶，給後代子孫留下文化資產。

這篇〈哭哭笑笑話童謠〉，就是藉由「嘲諷歌」的趣味，一方面為先民的兒童教育留下鮮活的印記，一方面也為台灣人的幽默保留最好的資材。

誠如康原所說：「雖然，我們透過嘲諷、逗趣的歌來嘲弄小孩，最主要仍是希望透過俏皮詞句，來引發兒童快樂的情趣，激發出小孩的榮譽感與責任心，希望兒童透過歌唱學到一些為人處世的道理。」

至少，讀過這樣的一篇兒童歌謠的報導，我們學會同學相互間綽號的稱呼，童謠的戲謔，其實都可以用較為坦蕩的胸懷來接納。當然，我們也因此學到：所謂文化是隨時隨地出現在我們的生活之中的，不要忽略兒歌、童謠、俚諺、俗語，這些都是台灣文化的一部分，都值得我們珍惜。

作者簡介

康原

本名康丁源，一九四七年生於彰化縣芳苑鄉漢寶村。一九七三年出版散文集《星下呢喃》後，以散文創作為主，先後推出《霧谷散記》、《煙聲》、《明亮的眸》、《記憶》、《歷史的腳步》、《佛門與酒國》等文集。一九八二年開始撰寫評論與報導，重要作品出版有《最後的拜訪》、《作家的故鄉》、《鄉音的魅力》、《鄉土檔案》、《台灣囝仔歌的故事》等。主編過多種文化性雜誌，曾為《關懷雜誌》總編輯。曾任彰化縣寫作協會理事長。

可愛與可取

◎石德華

法國作家左拉一生作品無數，令人直覺他必定是個極度熱愛且投入寫作事業的人。但是，他所透露的自己的寫作狀況卻十分出人意表。

他每天早上坐在書桌旁，便覺得心浮氣躁、頭昏腦脹，心中一直盤算著想休息、偷懶、逛遊，總之就是一點點動筆寫作的意願都沒有。但是他強迫自己不離開書桌，將寫作當成首務之急的無法推諉的責任，只好勉強自己拿起筆來，做他並不喜歡但應該去做的事。奇怪的是只要他動筆之後，便長驅直入一種靈思活絡的狀況，先前低壓的情緒、混雜的思路、排斥的心情，全都長煙一空，天光大開得好似困挫從未存在過，於是一篇篇傳世不朽的作品，便在這種心情的拉鋸轉換中，隨自己出鞘不回的思緒走筆如陣，銳芒萬丈。

我們的生活中不也充滿「我喜歡」與「我應該」之間的拉鋸。

我喜歡無所事事，卻應該努力工作。

我喜歡我行我素，卻應該尊重別人。

我喜歡揮霍青春，卻應該埋首書堆。

我喜歡放膽去愛，卻應該節制情感。

我喜歡閒雲野鶴，卻應該擁抱紅塵。

我喜歡恣暢快意，卻應該謹言慎行。

「我喜歡」是以個愛憎為為本位，以灑脫率性為本質，不在乎他人眼光的浪漫情懷。

「我應該」是以利害考量為本位，以壓力束縛為本質，顧全整體大局的應負責任。

責任與喜好，並非絕對相違互悖，但如果兩者果真衝突對立的時候，我們究竟應該忠於自己的感覺？還是接受責任的壓力？

漢朝敏銳深謀、博學能文的卓越政論家——鼂錯，深獲皇帝的欣賞與寵信，當他任職內府史的時候，因為太上廟的一堵外牆阻擋了內府史的東門，使他出入必須繞道南門而有所不便，於是，他率性下令，鑿穿族廟的牆垣以便進出，這件事使恪遵禮法的朝廷老臣萬分反感而群起攻擊，幸賴皇帝的袒護才相安。後來，鼂錯建議削弱諸王的封地而演發七國之亂，老臣們乘機譖毀鼂錯，鼂錯終於蒙冤被斬。

不見容於朝中老臣，正是鼂錯的致命傷，他在我喜歡出入方便與我應該尊重禮法之間，選擇了「我喜歡」。

曹植奇情浪漫而才高遭忌悒鬱終身，李白放曠不拘而冠蓋滿京華斯人獨憔悴，事件情節雖不相同，但他們立命、修身、處群時所展現的風格卻一致，在許多「喜歡」

與「應該」突觸牴牾的時刻，他們仍然只看見自己。

在我讀大二的時候，所選修的「英文打字」課與再三更改很遲才敲定的一堂必修課衝堂，英打課老師特別通融我不必去上課，只要參加考試，就一定讓我過關。一因退選十分麻煩，二因未上課自己找時間練習令我深感壓力，更重要的是，事與願違的感覺令我十分不悅，標舉自由、崇尚瀟灑的我不耐麻煩、壓力、不悅的侵犯搗擾，對英打課率性採取了置之不顧的態度。

大學畢業後，我很快便因成績單上「英文打字零分」的怵目印記，在一次競爭空前激烈、層層淘汰只剩二人角逐的局面上，失去那份我渴望至極的工作。

鼂錯的鑿穿牆垣、曹植的縱情恣意、李白的御前行馬、我的不肯委屈自己，在當時，多麼的風發瀟灑，不同流俗，顯得率性且可愛，只可惜，可愛的，卻未必可取。

而會令你不太喜歡做卻必須去做的壓力，正源自於內心的責任感。人天性具有拈輕怕重、喜樂避苦、好逸惡勞的負性因子，使人意志微弱、潛能死寂，生命力宛如古堡中沉睡千年的公主，唯責任感湧發的內趨才量，才是騎白馬蹁躚而來的英俊王子，俯身一吻能使公主轉而清醒，創造生命的新境。所以，勇於面對並順勢利導生活中的壓力與束縛，反倒能激發潛能、提升層次，再塑更好的自己。

你喜歡同聲一氣，但你更應該尊重不同。
你喜歡唯我獨尊，但你更應該學習溝通。
你喜歡展現自我，但你更應該厚積薄發。
你喜歡否定推翻，但你更應該耐心求真。
你喜歡指陳抨擊，但你更應該冷靜理性。
你喜歡滿足小我，但你更應該顧全大我。
你喜歡安處順境，但你更應該不畏困境。
你喜歡擁有幸福，但你更應該義助不幸。
……

生活是一連串「喜歡」與「應該」的交戰取決，你摸索出依衡準則了嗎？
我喜歡可愛，更應該可取。

原載83．4．27《中華日報》

石德華老師在出版過《校外有藍天》之後，儼然成為文學界裡青少年的張老師，許多青少年朋友喜歡將他們的心事透露給石德華，請她指引走出迷津的方向，因此，她在《中華日報》的專欄「青春快步行」，頗得青少年朋友的喜愛，老師們的推崇。

《可愛與可取》就是選自「青春快步行」。

年輕人喜歡率性而為，忠於自己的感覺，「只要我喜歡，有什麼不可以？」在這篇文章裡，石老師就是在釐清「我喜歡」的瀟灑與「我應該」的責任，舉出漢朝鼂錯、魏代曹丕、盛唐李白，不同時代不同個性的人卻都因為「喜歡」與「應該」牴牾時，選擇了縱容自己，因而導致生命史上更大的挫折。

我喜歡擁有幸福，但我更應該義助不幸。

我喜歡……，但我更應該……。

我喜歡……，但我更應該……。

這樣的句子，我們要學著繼續造下去，而且，實踐它們。

石德華

湖南省新寧縣人，輔仁大學中文系畢業。曾獲梁實秋文學獎散文首獎、《中央日報》文學獎小說第三名、多次省新聞處後效獎。著有《校外有藍天》、《典藏青春與愛》等。

蘋果樹的啟示

◎江澈

美國詩人朗法羅一直到八十幾歲，作品仍然充滿了生意、朝氣。一位記者訪問他：「為什麼你的作品這麼有生意呢？」朗法羅指著身旁的一棵蘋果樹說：「我就像這棵樹，每年都會長出新芽。」隨著年齡的增長，如何讓我們的生命像蘋果樹一樣，每年發出新芽呢？除了物質上的供養，更需要精神上的滋潤——敦品與勵學。

何謂敦品呢？亦即進德——修養自己的德行，讓德行日趨完善。如何敦品呢？一、要有自省的功夫。曾子曰：「吾日三省吾身。」曾子每天拿三件事來反省自己，同樣，我們也要每天反省自己：「我的智慧增長了嗎？我的煩惱減少了嗎？我盡心盡力做我的工作嗎？」每天留十分鐘，做自我反省，將心靈的垃圾、煩惱徹底清掃。二、勇於改過。顏回不貳過，相同的錯絕不再犯，他這種勇於改過的精神，真正值得我們效法。每天反省，做錯事、未盡心盡力、缺點，都要確實改過。最好的朋友是自己，最大的敵人也是自己。當我們勇於改過時，自己是自己最好的朋友，當我們為自己找藉口、拖延、塞責，最大的敵人便是自己。三、慎獨。眾目睽睽下，我們的言行舉止都非常小心謹慎；但獨處時卻容易放鬆、懈怠。因此，獨處時更要照顧好自己的起心動念。四、長養忍辱，對人我付出真正的關懷。

何謂勵學呢？亦即修業——廣博學習。學養豐富方能服務人群。如何勵學呢？一、專心。做任何事一定要專心，方能有得，若不專心，無法有成就。二、虛心學習。在生命的過程中，每天都是學習的開始，一草一木、一事一物，皆是我們學習的對象，我們應該把著感恩的心，虛心體會、學習。三、活到老，學到老。荀子云：「學不可以已。」古人詩云：「問渠那得清如許，為有源頭活水來。」不停地學習為我們的生命注入活水，讓生活清新，若停止了學習，生命將如死水，時間久了也會發臭。

現今世上四個人中只有一個吃得飽。我們何其幸運，生長在台灣，衣食無虞。然而翻開報紙看到的是什麼消息呢？暴力、色情、偷盜、賭博……。為何社會如此富裕，犯罪率卻與日俱增呢？在經濟發展的同時，我們忘了提升道德、文化，人民的精神是貧窮的。許多人過著富裕的生活，卻總是覺得享受不夠，每天打開衣櫥就是少一件，翻開存摺也少一個零。再多的物質都不能填滿，「貧窮感」是個無底的深淵，使人疲於奔命，無暇反問自己：「我要追求什麼？」

人生只有物質的充足是不夠的，精神的滋潤更重要。真正的富足、快樂，來自心靈的滿足、喜悅。朋友們，讓我們回歸心靈的故鄉，做好敦品勵學的工作，進而影響周遭的人，改善社會風氣。

原載83．5．1《高青文粹》

編者注

由黃漢龍先生主編的《高青文粹》，每一期都有一篇「勵志小品」，邀請學有專精的教育學者提供他們的經驗，為莘莘學子指示一盞明燈。

立志工商江澈校長即以美國詩人朗法羅從蘋果樹上得到的啟示，撰寫此文，鼓勵青少年朋友要像八十幾歲的朗法羅作品一樣，時時充滿盎然生機，因為他發現蘋果樹每年都長出新芽，每年都有一個新的開始。

我們是否也讓自己的生命每年都有一個新的契機？找尋一個新的經驗去嘗試呢？

更進一步來看，禪宗大師說：「日日是好日。」每一天我們是否也讓自己都從新的起點開始，不陳腐，不重複，過每一個新鮮的日子？

江澈

字澄然，一九五四年生，江西省金谿縣人。中原大學土木工程系畢業，美國奧克拉荷馬大學教育碩士，曾任高雄市政府工務局新建工程處多年，深富行政經驗，亦精研教育行政內涵，於民國七十四年獲聘任高雄市立志工商補校主任，留美研修後返國任該校校長，積極推動該校工商職業教育，聲譽日豐，杏德日隆。

信命，不由命

◎郜瑩

在雲南大理的洱海，有一座面積很小的島，島上有個觀音堂，幾乎每位來遊洱海的人，都會上來這座小島，登上觀音堂，去求一個籤。據說，觀音堂的籤料事、論命很準。

民國七十九年，我初次來到大理時，曾至觀音堂求得一籤，展讀籤文時，眼淚紛紛如雨下。

籤文的大意是說，我的命運就是必須離鄉，別離親人，遠至異域奔走，方能有所作為。

而在未見此籤前，一直以為，從小至大，就依著父母、師長、夫家所規畫路子走的我，會走上旅行寫作的路子，是此生自己唯一不曾受人左右的選擇，想不到卻仍脫不了命運這巨掌的擺弄。

今年二月，再度登臨觀音堂，又求得一籤，籤文上面，將我的前路後道都敘示一清，又是令人訝然心驚。

人真是生而有命嗎？年紀愈長，走得愈遠，接觸的人愈多廣，愈不得不信，人真是生而有命。

同樣生為人，因為誕生的地域、家庭不同；由於與生俱有的個性、長才相異，展現於前的人生路，就會有不同的景觀。

命是生而注定的，就因有了如此認知，而清楚明曉自己手上握的籌碼有多少，能誠實面對自己的優勢與劣勢所在，不會對未來或現今有非分的冀求或怨懟。

在「認命」之後，反而更能擁有一份坦然，依己之意，放手而為；激發自身最大的潛力，讓運由心轉。

編者注

郜瑩女士最近幾年選擇了旅遊寫作，有所見，有所聞，也有所思有所得，她將自己的聞見思寫出來，與讀者分享，每每讓人警醒。

對於「命運」，我們所知有限。對於鬼神、術士所示的「命運」，我們也無法深信。人類的好奇心，卻又讓我們常常去探索命運，了解命運，到底命運是什麼？它掌握了多少百分比的我們的過去與未來？

郜瑩女士說她走上旅行寫作的路子，是此生自己唯一不受人左右的選擇，結果，展讀雲南洱海一座觀音堂自己求來的籤文，卻發現這樣的選擇仍跳不開命運的手掌心。——這真是命運注定啊！

不過，她說：「認命之後，反而更能擁有一份坦然，依己之意，放手而為；激發自身最大的潛力，讓運由心轉。」或許，這樣的結語，可以讓我們在認命之餘有著一份創造新機的積極意義。北上，南下，高中，高職，也許

原載83．5《張老師月刊》

會有命的不同，但那成就的高度卻未嘗不可由自己去添增啊！

作者簡介

郜瑩

安徽人，一九五四年生，文化大學中文系畢業。旅行達人、築夢女子；率真、浪漫、勇於追求完美、認真面對生活；永遠相信，只要有愛、只要有心，任何地方都會構築成「人間天堂」！她曾圓了許多人一輩子都不可能去完成的夢想，完成了別人終身不敢去做的嘗試，隻身走訪黃河、遍尋中國大陸五十四個少數民族區。她以溫柔的筆給人愛在他鄉的嚮往，寫出一篇篇充滿美與感動的作品：《因緣人間》、《想要一顆心》、《釀一罈有情的酒》、《新疆的太陽不睡覺》、《行走在美麗的最深處：雲南少數民族之旅》和《信物》等二十餘本；並以《因緣人間》一書，獲八十二年度中國文藝獎章。

涓涓之水

向明

「天一下雨，我們家的房子就會流淚。」這樣的一句話，並不是所謂的童話詩，而是我那小兒子當年在他那周記上的記事。他的意思是說，天一下雨，我們家的房子就漏水。水漏得並不大，真的就像是淚水樣的一點一點的流出來，但是別看這小小的一丁點滲水，我們一連奮鬥了好幾年，一直沒法把它止住，只要一下雨，我們就得為那麼個迷你水災而勞師動眾。

我住的是一棟五樓公寓的頂樓。住進來之後不到半年，我們就發現了這麼個紕漏。水不是從天花板上堂堂正正的滴下來，而是從房頂的拐角梁柱接縫處偷偷的滲出，不知不覺的溼透了我的一大堆書，霉過衣櫃底層一大堆衣服，我們才驚慌的發覺。

為了這一滴水之漏，我們曾經重翻修過屋頂，再粉刷外牆，又花錢請人塗上一層厚厚的柏油，但是只要天一下雨，仍然會有水滲出。妻很天真，以為仍然是外牆的毛病，再找人在外面釘一層木板，以為從此應該萬無一失，然而水還是照樣源源而出。似乎一切強固措施都擋不住那一粒小小水滴的攻堅力量。

在一切都束手無策之後，我們只好去找一個有經驗的泥水工來鑑定，看看毛病到底出在何處。他用目視檢查一番之後，指出水是從梁柱裡面埋設的屋頂排水管接頭或破裂處滲出的，這是當初施工的人為疏失，現在要把漏水止住，很難，除非把梁柱鑿開，抽換裡面的水管，否則一點辦法也沒有。

聽完老泥水工這一番言之成理的判斷，我的心裡湧出一股難以抑止的憤怒。僅僅為了那小小一滴水的出路，得把一堵厚厚的牆摧毀重建，這真是太離譜了；也僅僅是由於當初施工人員的一時失職，我們就要長期遭受精神和物質的磨難，這豈是能心甘情願接受的事實？當下我即負氣的決定，這個點滴之漏從此不再補了，也放棄專家的建議，折梁毀柱，作抽換水管的大工程。我要讓那一滴水像長期纏繞我的養身病一樣，從此伴隨我們；讓雨天承漏成為偶爾的一種生活花絮，或耐性考驗，不也是一種積極面對人生的方式。想雖是這麼想，最後我們還是無奈的屈服了。「涓涓之水，可以穿岩」，重要的是我們不得不為將來更大的後患而未雨綢繆。

絕對不要小看即使小如一滴水的潛在破壞力，好多堅固的堤防都是因為一個小小的漏隙而土崩瓦解的。豈能不慎。

原載83．6．12《中華日報》「青春天地」專刊

編者注

向明先生長年在《中華日報》「青春天地」專刊中撰寫短文，每一則都從生活瑣事中，提供給青春少年思考的空間，事例雖小，寓義卻大。〈涓涓之水〉，正是這類型文章的代表。

涓涓之水，可以穿岩，「絕對不要小看即使小如一滴水的潛在破壞力，好多堅固的堤防都是因為一個小小的漏隙而土崩瓦解的。」向明這樣說。只因為這樣小小的一滴水，使得他們書籍、衣服受損，精神也受到折磨，最後還要大費周章，折梁毀柱，抽換水管。這不印證了劉備的話：「勿以善小而不為，勿以惡小而為之。」一開始就走偏了，失之毫釐，差之千里，造成的失誤就無法彌補了。

星星之火，可以燎原啊！

作者簡介

向明

本名董平，一九二八年生，湖南長沙人。曾任副刊編輯，詩刊主編。著有詩集《雨天書》、《隨身的糾纏》等七種。詩話集《客子光陰詩卷裡》；散文集《甜鹹酸梅》；童話集《糖果樹》、《香味口袋》。曾獲中山文藝獎，世界藝術與文化學院頒授榮譽文學博士。

自得其樂過日子

◎傅佩榮

人有求生的本能，遇到困難若不轉彎，就須改造自己、適應環境。我在中學時代，面對了此生最大的考驗，就是說話口吃。小學三年級到高中二年級，我上課不曾說過一句完整的話，有時連一個字也說不清楚，「是不能也，非不為也」。

口吃招來的嘲笑，有如無邊的黑暗，我感受到挫折之下的性格扭曲：自卑與自閉，都與我擦身而過，我依稀看到它們的猙獰面貌。是求生本能提醒我，好好念書或許可以挽回一點點自尊。我坐在書桌前，念書不是為了父母，不是為了求知，只是為了可以稍稍減弱嘲諷的聲浪，只是為了聽別人私語：他雖然口吃，功課卻還不錯。

功課豈只不錯，我在恆毅中學的六年期間，考試成績一直保持全年級第一，並且經常是全校第一。上課時，老師不再叫我起來朗誦課文或回答問題，我得到的榮譽遠遠勝過幼時的屈辱。想不到念書竟有如此神奇的功效！我的中學生活似乎是我一生遭遇的寫照：求人不如求己，先受苦後享樂，積極改造自己的性格。

回憶中，除了口吃的痛苦與考試的刺激之外，我的中學生活充滿了「自得其樂」的色彩。初二時，偶然見人下象棋，看到攤開的棋盤上寫著：「棋中不語真君子，起手無回大丈夫」，不禁心生嚮往，因為「真君子」與「大丈夫」對於青少年實在太有吸引了。我迷上象棋，每天做完功課就研究棋譜，到處找人挑戰。周末在台北街頭看到路邊殘局都會駐足良久。我由象棋學到三點：一、任何棋子擺在適當的位置，都有驚人的戰力；二、要綜觀全局才能判斷得失成敗；三、計算步步為營與環環相扣的微妙關係，凡事預為籌謀，以求不敗。

初三時，偶然聽到義大利童星馬利奧蘭莎的唱片，所錄皆為抒情名曲，如〈我的太陽〉、〈上塔路琪亞〉、〈媽媽〉、〈歸來吧蘇連多〉等，地中海畔的浪漫情調捕獲了我的夢幻心靈。我跟著唱片學歌，很快就學會了，唱得有板有眼，意思完全不懂，有什麼關係？只要美妙的旋律使我快樂就好了。高中聯考的壓力絲毫沒有產生威脅。

我留在母校讀高中。這三年住校期間，天天下課之後都約了同學打籃球，風雨無阻。記得有幾次颱風來襲，大家照樣上場比賽，射籃時還須一併計算風速，玩起來真是過癮。持之以恆的遊戲，居然培養了日後在美國攻讀博士時所需要的體力。不論這是僥倖或是遠見，當時的同學相處愉快才是最重要的。人生每一階段都應該自成目的，認真踏實地去活，否則難免事後追悔。

高二時，宋之鈞老師見我說話將成一生障礙，正好他又看到《中央日報》刊出口吃矯正班招生的廣告，就勸我去參加，看看能否有些改善。兩個月的矯正過程，使我了解口吃的生理及心理因素，學會了放鬆心情、調適呼吸、慢慢發音、清楚說話。九年以來的陰霾逐漸散去，我在口吃矯正班的結業典禮上作了生平第一次公開演講，為時三分鐘。真正完全克服口吃，則是從耶魯念完學位回國之後，心境坦蕩，有話要說，在教書及演講中感受了莫大的喜悅。

我由自己遭遇的考驗，學到了如何寬待與體諒受苦的人，誓願絕不嘲笑別人的弱點與缺陷，一定要站在受委屈的一方，同時加意珍惜語言與文字的表達力量，因為說話對我原是如此的困難啊！

中學生活如上所述，似乎頗有計畫，其實當時並無深遠考慮，只是按照學校的教育步驟一步步向前行去。中學畢業時，訓導主任給我的評語是「小心謹慎」，可見他並沒有發現我「自得其樂」的一面。不過，兩者合而觀之，倒能描寫我日後的行為準則。小心謹慎，是為了安分克己，不要製造麻煩；自得其樂，則是積極方面，不論環境如何，我都要快樂地活下去。

原載83．8《幼獅少年》

傅佩榮教授是輔大傑出校友，目前擔任台大哲學系系主任工作，更是青少年所欽仰的人生思考的重要指引者，他以專精的哲學素養，深入淺出，為萬千讀者解惑渡迷，素為青少年朋友所尊敬。

〈自得其樂過日子〉，是他現身說法，以自己成長的經歷鼓舞青少年朋友，他以八個字描述中學以後的行為準則：「小心謹慎，自得其樂」，他說：「小心謹慎，是為了安分克己，不要製造麻煩；自得其樂，則是不論環境如何，我都要快樂地活下去。」頗值得大家借鏡。其實，「小心謹慎」，克己復禮，不正是儒家的精神？「自得其樂」，保全精神，不正是道家的情懷嗎？

傅教授從小學到高中，曾患有口吃的毛病，如今卻是一年上百場、巡迴台灣各地演講的名嘴，他是如何煎熬、矯正過來？下象棋是雕蟲小技，他又如何從其中領悟人生至理。此文雖短，卻值得大家細看、深思。

作者簡介

傅佩榮

上海市人，一九五九年生。上海市人，台大哲學研究所畢業，美國耶魯大學哲學博士，曾任台大哲學系主任兼哲學研究所所長，比利時魯汶大學、荷蘭萊頓大學講座，現任台大哲學系教授。《民生報》曾評選為熱門教授，並獲教育部頒發教學特優獎，作品曾獲國家文藝獎、中正文化獎，著有《成功人生》、《人生問卷》、《智慧的魅力》、《會思想的蘆葦》、《四書小品》、《論語的智慧》、《寫給年輕朋友》、《儒家與現代人生》、《生命重心在何處》、《人生需要幾座燈塔》等。

勇於改變的人

◎吳娟瑜

1

調皮的兒子常在客廳打籃球，媽媽屢勸不聽，可見是要換方法引導了。

有一天，從客廳傳來匡啷的聲音，小學四年級的兒子哭喪著臉跑來廚房說：「媽，對不起，我打破了梳妝台的玻璃！」

過去的媽媽可能是大吼大叫，把孩子罵一頓，如今的媽媽卻笑笑說：「你會做總統呵！」

兒子愣住了。

媽媽接著說：「你會來承認做錯事，這是很好的表現。美國有個華盛頓總統，小時候砍倒爸爸的櫻桃樹，可是他很誠實地認錯……。」

「媽，我知道了，以後我不會在客廳打球了。」

兒子緊張不安的心情，在媽媽輕鬆幽默的話語中化解了。

2

在一場有關開放溝通的演講中，我注意到一對父子同時出席，父親約六十多歲，兒子約二十八歲。

演講告一段落，我邀請這對父子上台。我問年輕人：「請問你從小成長過程中，和父親的溝通情況良好嗎？」

兒子搖搖頭，他看了父親一眼，然後勇敢地說：「從小父親常拿鞭子打我，所以在我成長的過程中對父親非常懷恨，更何況他不打弟妹，為什麼都只是打我？」

這時候，全場的觀眾把注意力轉向父親。

一直帶著笑容的父親有點兒尷尬地說：「他是長子，我不打他，他怎麼做弟妹的榜樣？」

「我了解你的意思，只是你的孩子好像感到很痛苦。」我鼓勵這個傳統式的父親去體會兒子的感受。

接著，我又問這個兒子：「請問在這段過程，你如何自我調整？現在能原諒你父親嗎？」

「老實說，從小這樣挨打，造成我內心非常自卑，總覺得自己事事不如人。後來我參加成長課程，漸漸學習看到自己的優點，也原諒了父親。」

「你願意對父親說出此刻內心的感受嗎？」

兒子點點頭，身子轉向父親，並且伸出兩隻手去環抱父親。在這樣感人的時刻裡，全場聽到清清晰晰的幾個字：「爸，我愛您！」

父親在兒子的擁抱和話語中感動了。

最後，兒子牽著父親的手，兩個人亦步亦趨地走回坐位，大家報以熱烈的掌聲，有些觀眾還拿出手帕頻頻拭淚。

3

在她幼小時曾經經歷了一次被歹徒暴力捉住的經驗。當時她又哭又喊，卻一直沒有人來救她。掙扎好一段時間，她突然靈機一動咬了歹徒的手一口，歹徒鬆了手，她立即狂奔回家。

噩夢一般，這段過程深藏在潛意識裡，隨時會跳出來侵擾她。長久以來，她對異性有種難以接近的感覺。

有自我探索的課程中，我鼓勵她回到童年的那一段遭遇。我提示她：換一種感覺，重新走一遍。

果然，當一個男性學員扮演歹徒緊緊抓住她的時候，童年時的害怕、恐懼感全部湧上心頭。她哭喊：「放開我！放開我！」

「那種感覺很不舒服，是不是？」

她淚流滿面，情緒激動地點點頭。

「想不想從那種感覺走出來？」

她再度點點頭。

「你有沒有發現自己很勇敢，居然可以脫逃成功？」

點點頭，她抹去了眼淚，重新再回到童年那一幕。當她掙脫男性學員的雙臂時，她不斷大聲地對自己說：「我很勇敢！我很勇敢！我很勇敢！」

4

她一向睡得不安穩，常在半夜裡驚醒。

追根究柢，原來有一次住院期間，在深夜睡夢中，突然被眼前一個晃動的黑影嚇醒過來；更恐怖的是，一個針頭正要往她的胳臂刺進去……。

原來是夜裡值班的護士正要為她打針，可是並沒有先叫醒她。

這一幕令她不舒服的景象常在她腦海中起伏，尤其是夜裡要睡覺前。

在課程中，我邀請她躺下來，回到令她驚嚇的那一刻，同時把內心的感覺說出來。這時候，我的角色是那個護士。

「請你以後不要沒有叫醒我就為我打針。這樣會讓我嚇一跳。」

「對不起，我知道我錯了。我不應該這樣做，請你原諒我！」

在我們誠懇的對話中，她對過去那一段過程的感覺，也漸漸變淡了。

每晚睡前，她也開始學習對自己說：「我會睡得很舒服。我相信我可以一覺到天亮。當我明天早上醒來的時候，我會感覺很愉快！」

5

在我的身邊常接觸到許多有心改變或已經改變的人。不論他們是改變一種感覺或改變一種相處方式，他們的決心，他們的勇氣，往往觸動了我生命的省思，擴大了我關懷的空間。

原載83．8．2《國語日報》

編者注

吳娟瑜女士以文章和演講，鼓舞女性尋求自我成長的空間，為家庭的和諧積極找尋穩定的力量和方法，令人敬佩。近兩年來，又以挖掘家庭中孩子的幽默感為其寫作主力，形成特殊的文章風格，每每令人含笑、頷首，讚嘆不已！

〈勇於改變的人〉正是一篇吳娟瑜式散文的代表作。每個人都應該像文章裡的人物尋求突破，改變現實。有時候，說話語氣的改變，也就緩和了兩人之間的緊張關係；有時候，改變相處的方式，家庭祥和歡樂的景象也就出現了。

看過這篇文章，我們要學會舉一反三，改善我們溝通不良的師生關係、父子關係、朋友關係，甚至於未來的夫妻關係。根據體會，勇於改變的人才會有新的結構、新的局面出現，而最主要的方法則是誠懇的態度與幽默的語言，應用之妙，存乎一心！

作者簡介

吳娟瑜

華人頂尖的演說家，經常應邀至世界各地演講，美國印第安那玻里斯大學應用社會學博士。也是著名專欄作家，著有暢銷書《栽培妳自己》、《越變越好》、《男人的真心話》、《走妳自己的路》、《你能，因為你要》、《吳娟瑜的幼兒養育學》、《談人際關係的微妙平衡》等。

國家圖書館出版品預行編目資料

預約一個亮麗的生命／蕭蕭主編. -- 二版. --
台北市： 幼獅, 2010.05
面； 公分. --（智慧文庫）

ISBN 978-957-574-773-2（平裝）
1.修身 2.青少年

192.13 99007218

・智慧文庫・

預約一個亮麗的生命

編　　著＝蕭　蕭
出 版 者＝幼獅文化事業股份有限公司
發 行 人＝李鍾桂
總 經 理＝廖翰聲
總 編 輯＝劉淑華
主　　編＝林泊瑜
編　　輯＝周雅娣
美術編輯＝李祥銘
總 公 司＝10045台北市重慶南路1段66-1號3樓
電　　話＝(02)2311-2836
傳　　真＝(02)2311-5368
郵政劃撥＝00033368

門市
・松江展示中心：10422台北市松江路219號
電話：(02)2502-5858轉734 傳真：(02)2503-6601
・苗栗育達店：36143苗栗縣造橋鄉談文村學府路168號（育達商業科技大學內）
電話：(037)652-191 傳真：(037)652-251

印　　刷＝崇寶彩藝印刷股份有限公司
定　　價＝200元
港　　幣＝67元
二　　版＝2010.05
書　　號＝986232

幼獅樂讀網
http://www.youth.com.tw
e-mail:customer@youth.com.tw

行政院新聞局核准登記證局版台業字第0143號

幼獅文化公司／讀者服務卡／

感謝您購買幼獅公司出版的好書！
為提升服務品質與出版更優質的圖書，敬請撥冗填寫後（免貼郵票）擲寄本公司，或傳真（傳真電話02-23115368），我們將參考您的意見、分享您的觀點，出版更多的好書。並不定期提供您相關書訊、活動、特惠專案等。謝謝！

基本資料

姓名：……………………先生／小姐

婚姻狀況：☐已婚 ☐未婚　職業：☐學生 ☐公教 ☐上班族 ☐家管 ☐其他

出生：民國……………年……………月……………日

電話：（公）……………（宅）……………（手機）……………

e-mail：……………………

聯絡地址：……………………

1.您所購買的書名：**預約一個亮麗的生命**

2.您通常以何種方式購書?：☐1.書店買書 ☐2.網路購書 ☐3.傳真訂購 ☐4.郵局劃撥
（可複選）☐5.幼獅門市 ☐6.團體訂購 ☐7.其他

3.您是否曾買過幼獅其他出版品：☐是，☐1.圖書 ☐2.幼獅文藝 ☐3.幼獅少年
☐否

4.您從何處得知本書訊息：☐1.師長介紹 ☐2.朋友介紹 ☐3.幼獅少年雜誌
（可複選）☐4.幼獅文藝雜誌 ☐5.報章雜誌書評介紹……………報
☐6.DM傳單、海報 ☐7.書店 ☐8.廣播(　　　　　　)
☐9.電子報、edm ☐10.其他……………

5.您喜歡本書的原因：☐1.作者 ☐2.書名 ☐3.內容 ☐4.封面設計 ☐5.其他

6.您不喜歡本書的原因：☐1.作者 ☐2.書名 ☐3.內容 ☐4.封面設計 ☐5.其他

7.您希望得知的出版訊息：☐1.青少年讀物 ☐2.兒童讀物 ☐3.親子叢書
☐4.教師充電系列 ☐5.其他

8.您覺得本書的價格：☐1.偏高 ☐2.合理 ☐3.偏低

9.讀完本書後您覺得：☐1.很有收穫 ☐2.有收穫 ☐3.收穫不多 ☐4.沒收穫

10.敬請推薦親友，共同加入我們的閱讀計畫，我們將適時寄送相關書訊，以豐富書香與心靈的空間：

(1)姓名……………e-mail……………電話……………
(2)姓名……………e-mail……………電話……………
(3)姓名……………e-mail……………電話……………

11.您對本書或本公司的建議：

廣 告 回 信
台北郵局登記證
台北廣字第942號

請直接投郵 免貼郵票

10045 台北市重慶南路一段66-1號3樓

幼獅文化事業股份有限公司

請沿虛線對折寄回

客服專線：02-23112836分機208 傳真：02-23115368

e-mail：customer@youth.com.tw

幼獅樂讀網http：//www.youth.com.tw